Investigação sobre o Entendimento Humano

Título original:
Essays Concerning the Human Understanding

Tradução:
Artur Morão

Revisão:
Victor Silva

Capa: FBA

Depósito Legal N.º 361751/13

Biblioteca Nacional de Portugal – Catalogação na Publicação

HUME, David, 1711-1776

Investigação sobre o entendimento
humano. –Reimp. – (Textos filosóficos ; 2)
ISBN 978-972-44-1617-5

CDU 165

ISBN: 978-972-44-1617-5
ISBN da 1.ª edição: 972-44-0403-X

Paginação:
MA

Impressão e acabamento:
DPS - DIGITAL PRINTING SERVICES, LDA
para
EDIÇÕES 70
Maio de 2018 (1985)

EDIÇÕES 70, uma chancela de Edições Almedina, S.A.
Avenida Engenheiro Arantes e Oliveira, n.º 11 - 3.º C - 1900-221 Lisboa / Portugal
e-mail: geral@edicoes70.pt

www.edicoes70.pt

Esta obra está protegida pela lei. Não pode ser reproduzida,
no todo ou em parte, qualquer que seja o modo utilizado,
incluindo fotocópia e xerocópia, sem prévia autorização do Editor.
Qualquer transgressão à lei dos Direitos de Autor será passível
de procedimento judicial.

David Hume
Investigação sobre o Entendimento Humano

70

Advertência do Tradutor

O *Enquiry into the Human Understanding* apareceu em 1748 e, na intenção de Hume, surgiu como uma remodelação do *Treatise of Human Nature* (1739), que, não obstante a sua extrema e excecional importância filosófica, sobretudo do l. I, havia despertado escasso interesse e fora por isso, na opinião do seu autor, um «nado morto». A fama e a celebridade literária, que Hume tão intensamente procurou e por causa da qual repetidamente reelaborou, encurtou e simplificou as ideias do *Tratado*, cuja temática polariza todas as obras ulteriores, só chegou com os *Essays, Moral and Political* (1741) e, postumamente, com os *Dialogues of Natural Religion* (1779). A *Investigação sobre o Entendimento Humano* e, logo a seguir, o *Enquiry concerning the Principles of Morals* (1771), nascidos igualmente dessa busca de notoriedade, constituem uma simplificação do *Tratado*, procurando fornecer um desenvolvimento mais nítido das suas ideias e tornar a leitura mais fácil. Transparece aqui também o propósito nuclear de Hume, que não se distingue do de muitos filósofos, antes e depois dele: alcançar um fundamento sólido, sobre o qual se edifique todo o saber humano, sobretudo o das ciências. Se, para Descartes, a raiz da filosofia, enquanto árvore do saber, era a metafísica, sendo o tronco a física e os ramos as outras ciências, para Hume, a raiz é a teoria da natureza humana, mas uma *teoria empírica do homem*. Foi convicção sua que uma teoria cujo objeto reside nas faculdades intelectuais e psíquicas do homem devia constituir a base última de todas as ciências. Não apenas das ciências da cultura e das ciências sociais, mas das próprias ciências da natureza, pois o sujeito do conhecimento de qualquer ciência é o homem.

O que distingue Hume de quase todos os filósofos é a sua insistência em que essa teoria básica do homem deve ser totalmente empírica. Ele não afirma apenas que as diversas ciências singulares devem proceder empiricamente; vai mais longe: a própria filosofia, na sua função teórico-cognoscitiva e enquanto ciência fundacional, está adstrita a um procedimento empírico. A teoria e a metodologia do conhecimento identificam-se, para Hume, com uma psicologia do conhecimento de índole empírica. A metafísica surge aos seus olhos como um discurso vazio, como uma psicologia disfarçada; quando fala de essências, de qualidades ocultas, é vazia; quando se refere à causalidade, à substância e à identidade, é psicologia. Mas, segundo Hume, a tarefa metafísica de descrever a natureza da conexão necessária entre causa e efeito e de demonstrar a existência das causas é impossível. Só é viável uma psicologia descritiva, que elucida os elementos e as estruturas mais gerais, tal como eles ocorrem praticamente no conhecimento concreto de qualquer homem normal. Seria essa a *verdadeira* metafísica – a ciência da natureza humana, a ciência verdadeiramente fundamental –, que tomaria o lugar da falsa metafísica, porque visionária.

Evidentemente, a redução dos atos e processos psíquicos individuais a alguns princípios experimentais últimos não podia ter lugar sem um trabalho de definição e elucidação de conceitos. Hume reconheceu a sua utilidade, mas não reduziu a filosofia a uma análise conceptual. Procurou antes acentuar que os factos mais gerais da psicologia do conhecimento e da sua elucidação científica possuem uma relevância gnosiológica essencial. Por outro lado, a recusa da metafísica como discurso válido não indica que ele negasse a existência de uma realidade metafísica; o que, sim, ele salienta é que – quer ela exista ou não – não nos é dado conhecê-la, pois se situa fora do domínio da experiência. Só podemos conhecer princípios últimos que sejam princípios últimos no seio da nossa experiência. Tal é a conclusão cética, ou melhor, agnóstica, a que chega Hume.

ADVERTÊNCIA DO TRADUTOR 9

*

* *

As páginas da *Investigação sobre o Entendimento Humano*, que, na sua maior parte, giram em torno do problema da causalidade e dele apresentam uma solução fenomenista – até certo ponto, aniquiladora para as próprias ciências – apresentam com claridade e elegância as linhas centrais do pensamento de D. Hume. O texto que serviu de base à versão portuguesa foi o de L. A. Selby-Bigge, na sua edição dos *Enquiries concerning the Human Understanding and concerning the Principles of Morals*, Clarendon Press 1909, 1972, de que existe uma última revisão por P. H. Nidditch, de 1975, na Oxford University Press. Termos mais significativos aparecem na língua original (entre parêntesis), após a respetiva tradução portuguesa. No fim do volume, aparece um índice analítico que também foi tirado de G. A. Selby-Bigge. Aproveitou-se igualmente a numeração que ele fez dos vários parágrafos do escrito de Hume, por ser cómoda e permitir uma fácil orientação e localização no interior da obra.

ARTUR MORÃO

Advertência

A maior parte dos princípios e raciocínios contidos neste volume foram publicados numa obra, em três volumes, intitulada *Um Tratado da Natureza Humana*, obra que o Autor projetara antes de deixar a universidade e que escreveu e publicou não muito depois. Mas, ao ver que não teve êxito, tomou consciência do seu erro de ir para a imprensa demasiado cedo e refundiu novamente o todo nos tratados seguintes, onde, segundo espera, estão corrigidas algumas negligências do seu primeiro pensamento e, sobretudo, da expressão. No entanto, vários escritores, que honraram com respostas a filosofia do Autor, tiveram o cuidado de dirigir todas as suas baterias contra essa obra juvenil, que o Autor nunca confirmou, e simularam triunfar com as vantagens que, imaginam eles, sobre ela obtiveram: uma prática muito contrária a todas as regras da delicadeza e da séria maneira de proceder, e um exemplo forte dos artifícios polémicos que um zelo fanático se julga autorizado a empregar. De futuro, o Autor deseja que unicamente os tratados seguintes(*) sejam considerados como contendo os seus sentimentos e princípios filosóficos.

(*) *Hume refere-se aqui ao* Enquiry concerning the Human Understanding *(1748) e ao* Enquiry concerning the Principles of Morals *(1751), que foram publicados conjuntamente em 1777.* (N. do T.)

Secção I

Dos diferentes tipos de filosofia

A filosofia moral, ou a ciência da natureza humana, pode 1 tratar-se de duas diferentes maneiras; cada uma delas tem o seu mérito peculiar e pode contribuir para o entretenimento, a instrução e a reforma da humanidade. Uma considera o homem sobretudo como nascido para a ação e enquanto influenciado nas suas decisões pelo gosto e pelo sentimento; como dedicando-se a um objeto e evitando outro, segundo o valor que estes objetos parecem possuir e segundo a claridade com que eles a si próprios se apresentam. Por se admitir que, dentre todos os objetos, a virtude é o mais valioso, esta classe de filósofos pinta-a com as mais amáveis cores, pedindo todo o auxilio à poesia e à eloquência e elaborando o seu assunto de um modo acessível e palpável e como o mais adequado para comprazer à imaginação e incitar as afeições(*) *(affections)*. Escolhem as observações e os exemplos mais atraentes da vida comum, põem num contraste conveniente maneiras de ser *(characters)* opostas e, seduzindo-nos para as sendas da virtude pelo espetáculo da glória e da felicidade, dirigem os nossos passos para estas sendas com os mais sólidos preceitos e os mais insignes exemplos. Fazem-nos *sentir* a diferença entre o vício e a virtude,

---

(*) O termo *affections* foi, na presente tradução, vertido umas vezes por «afeições», outras por «estados de espírito», «disposições de ânimo». O sentido do vocábulo em Hume não coincide com o da *affectio* escolástica (e, por vezes, também da *affection* cartesiana), que se referia à ação do objeto sobre os sentidos. (*N. do T.*)

14 | INVESTIGAÇÃO SOBRE O ENTENDIMENTO HUMANO

excitam e orientam os nossos sentimentos, e porque podem fletir os nossos corações para o amor da probidade e da verdadeira honra, pensam que atingiram plenamente o fim de todos os seus trabalhos.

2   O outro tipo de filósofos considera o homem à luz da sua natureza de ser racional, mais do que de ser ativo, e esforça-se mais por formar o seu entendimento do que cultivar as suas maneiras. Olham a natureza humana como um tema de especulação e examinam-na com uma inquirição minuciosa, a fim de encontrarem aqueles princípios que regulam o nosso entendimento *(understanding)*, excitam os nossos sentimentos e fazem-nos aprovar ou censurar qualquer objeto, ação ou conduta particular. Pensam que é um vexame para toda a literatura o facto de a filosofia não ter ainda fixado, de modo indiscutível, o fundamento da moral, da argumentação e da crítica, e continuar sempre a falar de verdade e falsidade, de vício e virtude, de beleza e deformidade, sem ser capaz de determinar a fonte destas distinções. Ao intentar esta árdua tarefa, não são desencorajados por nenhumas dificuldades, mas, indo de casos particulares para princípios gerais, fazem avançar ainda mais as suas pesquisas para princípios mais gerais e não ficam satisfeitos até chegarem àqueles princípios originais pelos quais, em todas as ciências, toda a curiosidade humana deve ser delimitada. Embora as suas especulações pareçam abstratas, e até mesmo ininteligíveis para os leitores comuns, eles visam a aprovação dos eruditos e sábios e julgam-se suficientemente compensados pelo labor de toda a sua vida se conseguirem descobrir algumas verdades ocultas, que podem contribuir para a instrução da posteridade.

3   É certo que a filosofia acessível e palpável terá sempre, com a generalidade da humanidade, a preferência sobre a filosofia rigorosa e abstrusa e será recomendada por muitos não só como mais agradável, mas mais útil do que a outra. Compartilha a vida comum, molda o coração e as disposições de ânimo *(affections)* e, ao referir-se àqueles princípios que impulsionam os homens, reforma a sua conduta e aproxima-os mais do modelo de perfeição que ela descreve. Pelo contrário, a filoso-

DOS DIFERENTES TIPOS DE FILOSOFIA | 15

fia abstrusa, ao basear-se numa propensão da mente *(mind)* que não pode adentrar-se pela ocupação concreta e pela ação, esvanece-se quando o filósofo deixa a sombra e vem para a plena luz do dia, e os seus princípios não conseguem reter facilmente qualquer influência sobre a nossa conduta e o nosso comportamento. Os sentimentos do nosso coração, a agitação das nossas paixões, a veemência das nossas afeições, dissipam todas as suas conclusões e reduzem o profundo filósofo a simples plebeu.

Deve também reconhecer-se que a fama mais duradoira e **4** mais justa foi alcançada pela filosofia acessível e que os argumentadores abstratos parecem até agora ter desfrutado apenas de uma reputação momentânea, por capricho ou ignorância da sua própria época, mas não foram capazes de suster a sua celebridade com uma posteridade mais equitativa. É fácil, para um profundo filósofo, cometer um erro nos seus raciocínios subtis, e um erro é o parente necessário de outro, quando aquele leva em frente as suas consequências e não é impedido de aceitar qualquer conclusão, pelo seu aspeto inabitual ou pela sua contradição com a opinião popular. Mas um filósofo, que pretende apenas representar o sentido comum da humanidade em cores mais belas e mais atraentes, se por acaso cai em erro, não avança mais, mas, renovando o seu apelo ao sentido comum *(common sense)* e aos sentimentos naturais da mente, retorna ao reto caminho e defende-se de quaisquer ilusões perigosas. A fama de Cícero é hoje florescente, mas a de Aristóteles encontra-se totalmente em declínio. La Bruyère atravessa os mares e conserva ainda a sua reputação, mas a glória de Malebranche está confinada à sua própria nação e à sua própria época. E Addison talvez venha a ser lido com prazer, quando Locke estiver inteiramente esquecido.

O simples filósofo é uma personagem *(character)* que, comummente, é pouco aceitável no mundo, porque se supõe que ele em nada contribui para a vantagem ou o prazer da sociedade, ao viver afastado do trato com a humanidade e absorto em princípios e noções igualmente distantes da sua compreensão. Por outro lado, o mero ignorante é ainda mais desprezado e nenhuma coisa é tida como sinal mais seguro de

16 | INVESTIGAÇÃO SOBRE O ENTENDIMENTO HUMANO

um espírito mesquinho numa época e numa nação em que as ciências florescem do que ser inteiramente destituído de todo o gosto por esses nobres entretenimentos. A maneira de ser *(character)* mais perfeita reside, supostamente, entre esses extremos, mantendo uma igual capacidade e gosto pelos livros, pelo trato social e pela ocupação concreta, e preservando na conversação aquele discernimento e sensibilidade que promanam das belas-letras e, no negócio, aquela probidade e correção que são o resultado natural de uma justa filosofia. Para difundir e cultivar uma maneira de ser tão acabada, nada pode afigurar-se mais útil do que composições de estilo e modo acessíveis, que não se afastam demasiado da vida, não exigem uma aplicação profunda ou o retiro para serem compreendidas e reenviam o estudioso para o meio da humanidade, cheio de sentimentos nobres e sábios preceitos, aplicáveis a todas as exigências da vida humana. Por meio de tais composições, a virtude torna-se amável, a ciência agradável, a companhia instrutiva e o isolamento divertido.

O homem é um ser racional e, como tal, recebe da ciência o seu alimento e sustento convenientes. Mas são tão estreitos os limites do entendimento humano que, neste ponto particular, pouca satisfação se pode esperar, quer do alcance da certeza ou a partir das suas aquisições. O homem é um ser social, não menos do que racional; mas, não pode sempre fruir de companhia agradável e divertida, ou por ela preservar o gosto apropriado. O homem é igualmente um ser ativo e, em virtude desta disposição, bem como das várias necessidades da vida humana, deve entregar-se ao negócio e à ocupação. Mas a mente exige alguma tranquilidade e não pode suportar sempre a sua inclinação para o cuidado e o trabalho *(industry)*. Parece, pois, que a natureza realçou um tipo misto de vida como o mais adequado para a raça humana e, secretamente, admoestou-os a que não permitissem que algum destes pendores *puxasse* demasiado, de modo a incapacitá-los para outras ocupações e entretenimentos. Entrega-te à tua paixão pela ciência, diz ela, mas deixa que a tua ciência seja humana e de tal modo que ela possa ter uma referência direta à ação e à sociedade. O pensamento abstruso

DOS DIFERENTES TIPOS DE FILOSOFIA | 17

e as pesquisas profundas, proíbo-os, e serão severamente castigados pela melancolia meditabunda que introduzem, pela infinda incerteza de que te rodeiam e pelo frio acolhimento que as tuas pretensas descobertas hão de encontrar, quando comunicadas. Sê um filósofo; mas, no meio de toda a tua filosofia, sê ainda um homem.

Se a generalidade da humanidade se contentasse com preferir a filosofia acessível à abstrata e profunda, sem lançar censuras ou o desdém sobre a última, talvez não fosse inconveniente agir de acordo com esta opinião geral e admitir que todo o homem desfrute, sem oposição, do seu próprio gosto e sentimento. Mas, como a coisa é levada muito mais além, até mesmo à rejeição absoluta de todos os raciocínios profundos ou do que comummente se chama *metafísica,* iremos agora considerar o que se pode alegar sensatamente a seu favor.

Podemos talvez começar por observar que uma vantagem considerável que dimana da filosofia rigorosa e abstrata é a sua submissão à filosofia acessível e humana, a qual, sem a primeira, nunca pode atingir um grau suficiente de exatidão nos seus sentimentos, preceitos ou raciocínios. Todas as belas-letras são unicamente retratos da vida humana em várias atitudes e situações; e sugerem-nos sentimentos diversos de louvor ou reprovação, de admiração ou ridículo, conforme as qualidades do objeto que perante nós propõem. Um artista deve ser mais bem qualificado para ter êxito neste empreendimento, pois ele, além de um gosto fino e de uma rápida apreensão, possui um conhecimento exato da estrutura interna, das operações do entendimento, da agitação das paixões e dos vários tipos de sentimento que discriminam o vício e a virtude. Por muito árdua que esta pesquisa ou inquirição interna possa parecer, torna-se, em alguma medida, necessária para aqueles que descreveriam com êxito os aspetos manifestos e externos da vida e as maneiras. O anatomista apresenta aos olhos os objetos mais hediondos e desagradáveis, mas a sua ciência é útil para o pintor ao delinear uma Vénus ou uma Helena. Enquanto o último emprega todas as cores mais ricas da sua arte e empresta às suas figuras a aparência mais graciosa e cativante, ele deve ainda

18 | INVESTIGAÇÃO SOBRE O ENTENDIMENTO HUMANO

dirigir a sua atenção para a estrutura interna do corpo humano, a posição dos músculos, a contextura dos ossos, o uso e a figura de todas as partes ou órgãos. De qualquer modo, o rigor é vantajoso para a beleza e o reto argumentar para o sentimento fino. Em vão enalteceríamos um mediante a depreciação do outro. Além disso, podemos observar, em toda a arte ou profissão, mesmo naquelas que mais incidem na vida ou na ação, que um espírito de rigor, ainda que adquirido, as aproxima mais a todas elas da perfeição e as torna mais subordinadas aos interesses da sociedade. E embora um filósofo possa viver afastado dos negócios, o génio da filosofia, se for cuidadosamente cultivado por vários, deve difundir-se gradualmente por toda a sociedade e conferir uma similar correção a toda a arte e ofício. O político adquirirá uma maior previsão e subtileza na subdivisão e equilíbrio do poder; o advogado, mais método e princípios mais apurados nas suas argumentações; e o general, maior regularidade na sua disciplina e mais cautela nos seus planos e operações. A estabilidade dos governos modernos, que é superior à dos antigos, e o rigor da moderna filosofia melhoraram e, provavelmente, ainda melhorarão mais, mediante gradações semelhantes.

6   Mesmo se nenhuma vantagem se colhesse destes estudos, para lá da satisfação de uma inocente curiosidade, nem isso sequer seria de desprezar, enquanto acesso àqueles poucos prazeres seguros e inofensivos que são concedidos à raça humana. A senda mais suave e mais inócua da vida passa pelos caminhos da ciência e do saber; e quem quer que consiga remover todos os obstáculos neste rumo ou abrir outras perspetivas deve ser considerado como um benfeitor da humanidade. E embora estas pesquisas possam revelar-se árduas e fatigantes, sucede a algumas mentes o que se passa com alguns corpos, que, sendo dotados de uma saúde vigorosa e corada, exigem duro exercício e colhem prazer naquilo que, para o geral da humanidade, pode parecer oneroso e incómodo. A obscuridade é, sem dúvida, dolorosa para a mente como o é para os olhos; mas trazer luz da obscuridade, seja por que trabalho for, deve forçosamente ser agradável e jubiloso.

DOS DIFERENTES TIPOS DE FILOSOFIA | 19

Impugna-se, porém, esta obscuridade na filosofia profunda e abstrata não só enquanto difícil e fatigante, mas enquanto fonte inevitável da incerteza e do erro. Aqui reside, de facto, a objeção mais justa e mais plausível contra uma considerável parte da metafísica, que não é verdadeiramente uma ciência, mas brota ou dos esforços infrutíferos da vaidade humana, que penetraria em matérias totalmente inacessíveis ao entendimento, ou da esperteza das superstições populares, que, sendo incapazes de se defender a si mesmas de um modo justo, suscitam este emaranhado de silvas para ocultar e proteger as suas fraquezas. Expulsos do campo aberto, estes ladrões fogem para a floresta e ficam à espera para irromperem em todos os caminhos não guardados da mente e a oprimirem com temores e preconceitos religiosos. O mais intrépido antagonista, se abrandar a sua vigilância por um momento, é subjugado. E muitos, por cobardia e tolice, abrem as portas aos inimigos e de bom grado os recebem com reverência e submissão como seus soberanos legítimos.

Mas será esta uma razão suficiente para que os filósofos 7 desistam de tais inquirições e deixem a superstição ainda na posse do seu refúgio? Não será conveniente tirar uma conclusão oposta e apreender a necessidade de levar a guerra até aos recessos mais secretos do inimigo? Em vão esperamos nós que os homens, em virtude do desapontamento frequente, hão de por fim abandonar tais petulantes ciências e descobrir a autêntica província da razão humana. Por isso, ademais, muitas pessoas acham demasiado sensato o interesse em evocar incessantemente tais tópicos; além disso, digo eu, o motivo do cego desespero nunca pode justamente ter lugar nas ciências, visto que, por mais infrutíferas que se tenham revelado tentativas anteriores, há ainda espaço para esperar que a diligência, a boa sorte ou a sagacidade aperfeiçoada das gerações ulteriores possam conseguir descobertas desconhecidas das épocas mais antigas. Todo o génio empreendedor terá ainda de saltar em vista de um prémio difícil e sentir-se-á estimulado, mais do que desencorajado, pelos fracassos dos seus predecessores, ao esperar que a glória de levar a cabo uma tão árdua aventura está

20 | INVESTIGAÇÃO SOBRE O ENTENDIMENTO HUMANO

exclusivamente reservada a ele. O único método de libertar imediatamente o saber destas questões abstrusas é investigar com seriedade a natureza do entendimento humano e mostrar, por meio de uma análise exata dos seus poderes e da sua capacidade, que de nenhum modo serve para assuntos tão vagos e abstrusos. Devemos sujeitar-nos a esta fadiga para, depois, vivermos sempre em sossego; e devemos cultivar a verdadeira metafísica com algum cuidado, a fim de destruirmos a falsa e adulterada. A indolência que a algumas pessoas fornece uma salvaguarda contra a filosofia enganadora é excedida, noutras, pela curiosidade; e o desespero que, em certos momentos, prevalece talvez dê, depois, espaço a intensas esperanças e expectativas. A argumentação rigorosa e justa é o único remédio universal, adequado a todas as pessoas e a todas as disposições, e só ela é capaz de subverter a filosofia abstrusa e a gíria metafísica, que, estando mesclada com a superstição popular, a torna de certo modo impenetrável a pensadores descuidados e lhe empresta a aparência de ciência e de sabedoria.

8 Além da vantagem de, após inquirição deliberada, rejeitar a parte mais incerta e desagradável do saber, há muitas vantagens positivas que derivam de um escrutínio cuidadoso das potências(*) e faculdades da natureza humana. No tocante às operações da mente *(mind)*, é digno de nota que, embora elas nos sejam intimamente presentes, no entanto, sempre que se tornam objeto de reflexão, parecem mergulhadas em obscuridade e os olhos não podem desvendar prontamente os limites e fronteiras que as discriminam e distinguem. Os objetos são demasiado subtis para permanecerem longamente no mesmo aspeto ou situação; e devem ser apreendidos num instante, por

---

(*) O termo *power* foi quase sempre traduzido por «poder», ao longo do ensaio. Uma outra vez, por «potência(s)», em evidente ligação com as *potentiae* da escolástica, no contexto da psicologia iluminista e racionalista. Em Hume, e noutros autores, a noção de «potência» relaciona-se com as de «poder» e «capacidade», sem se realçar claramente o seu significado «ativo» ou «passivo». Existe a tendência de considerá-las apenas no sentido psicológico e epistemológico, e não metafísico. Para Hume, em última análise, a ideia de força e potência, poder, é obscura e o seu correlato real é incaptável. (*N. T.*)

DOS DIFERENTES TIPOS DE FILOSOFIA 21

uma penetração superior derivada da natureza e melhorada pelo hábito e pela reflexão. E torna-se, por conseguinte, parte não insignificante da ciência conhecer tão só as diferentes operações da mente, separá-las umas das outras, classificá-las sob a suas secções adequadas e corrigir toda esta aparente desordem em que se encontram envolvidas, quando constituem o objeto da reflexão e da pesquisa. O mencionar a ordem e a distinção, que não tem mérito quando efetuado relativamente aos corpos externos, os objetos dos nossos sentidos, aumenta em valor quando se dirige para as operações da mente, em proporção com a dificuldade e o trabalho que defrontamos na sua realização. E se não podemos ir mais longe do que esta geografia mental ou delineação das distintas partes e potências da mente, é pelo menos uma satisfação chegar até aí; e quanto mais palpável possa parecer esta ciência (e de nenhuma maneira é palpável) tanto mais desprezível deve ainda ser a ignorância dela em todos os que pretendem o saber e a filosofia.

Nem deve restar qualquer suspeita de que esta ciência é insegura e quimérica, a não ser que tenhamos de considerar um tal ceticismo como inteiramente subversivo de toda a especulação e até mesmo da ação. Não pode duvidar-se de que a mente é dotada de várias potências *(powers)* e faculdades *(faculties)*, de que estas potências são distintas umas das outras, de que o que é realmente distinto para a perceção imediata pode distinguir-se por reflexão, e, por conseguinte, de que existe uma verdade e falsidade em todas as proposições *(propositions)* sobre esse assunto, e uma verdade e falsidade que não residem para lá do alcance do entendimento humano. Há muitas distinções óbvias deste tipo, como as que existem entre a vontade *(will)* e o entendimento *(understanding)*, entre a imaginação *(imagination)* e as paixões *(passions)*, que ficam dentro da compreensão de toda a criatura humana; e as distinções mais subtis e mais filosóficas não são menos reais e certas, embora de mais árdua compreensão. Alguns exemplos, sobretudo os recentes, de êxito nestas inquirições podem fornecer-nos uma mais justa noção da certeza e solidez deste ramo do saber.

22 | INVESTIGAÇÃO SOBRE O ENTENDIMENTO HUMANO

E consideraremos digno do trabalho de um filósofo fornecer-nos um verdadeiro sistema dos planetas e ajustar a posição e a ordem destes corpos remotos, enquanto simulamos não notar aqueles que, com tanto sucesso, delineiam as partes da mente, que nos dizem tão intimamente respeito?

9   Mas será que não esperamos que a filosofia, se for cultivada com cuidado e encorajada pela atenção do público, possa levar ainda mais longe as suas pesquisas e descobrir, pelo menos em algum grau, os secretos mananciais e princípios pelos quais a mente humana é impulsionada nas suas operações? Os astrónomos, durante muito tempo, contentaram-se com provar, a partir dos fenómenos, os verdadeiros movimentos, a ordem e a grandeza dos corpos celestes, até que, por fim, surgiu um filósofo que(*) parece, a partir do mais afortunado raciocínio, ter também determinado as leis e as forças pelas quais são governadas e dirigidas as revoluções dos planetas. Algo de semelhante foi levado a cabo em relação a outras partes da natureza. E não há motivo para desesperar de igual êxito nas nossas inquirições acerca das potências e economia mentais, se forem efetuadas com igual capacidade e cautela. É provável que uma operação e princípio da mente dependa de outra, a qual, por seu turno, se resolve numa mais geral e universal; e ser-nos-á difícil determinar exatamente até onde estas investigações podem ser realizadas, antes de uma verificação cuidadosa, ou mesmo depois. É certo que todos os dias são feitas tentativas deste género, mesmo por aqueles que filosofam com a maior negligência, e nada pode ser mais indispensável do que encetar o empreendimento com cautela e atenção consumadas; e que, se ele reside dentro do alcance do entendimento humano, pode, por fim, ser afortunadamente levado a efeito; se não, pode, no entanto, rejeitar-se com alguma confiança e certeza. Sem dúvida, esta última conclusão não é desejável, nem devia ser encarada com demasiada precipitação. Pois, com uma tal suposição, quanto

---

(*) Hume alude, aqui, à obra e ao pensamento de Newton na física e na astronomia, de cuja ciência ele quis expor os fundamentos filosóficos dentro de uma teoria da natureza humana de acento psicologista. (*N. T.*)

DOS DIFERENTES TIPOS DE FILOSOFIA | 23

não devemos reduzir a beleza e o valor deste género de filosofia? Os moralistas, até agora, ao considerarem a enorme multidão e diversidade destas ações que suscitam a nossa aprovação
ou desagrado, têm-se acostumado a procurar algum princípio
comum de que poderia depender esta variedade de sentimentos *(sentiments)*. E embora tenham, por vezes, levado o assunto
demasiado longe, na sua ânsia de algum princípio geral, deve,
no entanto, confessar-se que são desculpáveis ao esperarem
encontrar alguns princípios gerais, a que haveria justamente de
resolver todos os vícios e virtudes. Análogo tem sido o esforço
dos críticos, lógicos e até mesmo políticos. E as suas tentativas não foram totalmente mal sucedidas, embora, talvez, um
tempo mais longo, um rigor maior e uma mais ardente aplicação possam aproximar ainda mais estas ciências da sua perfeição. Abandonar de imediato todas as pretensões desta natureza
pode justamente considerar-se mais imprudente, precipitado e
dogmático do que mesmo a mais ousada e mais afirmativa filosofia, que tentou sempre impor à humanidade os seus rudes
ditames e princípios.

Que importa que os raciocínios acerca da natureza humana **10**
pareçam abstratos e de difícil compreensão? Isso não proporciona nenhuma suspeita da sua falsidade. Pelo contrário,
parece impossível que aquilo que, até agora, se furtou a tantos
filósofos sábios e profundos possa ser muito palpável e fácil.
E sejam quais forem os esforços que estas inquirições nos possam custar, podemos considerar-nos suficientemente recom-
pensados, não só em questão de lucro, mas de prazer, se, por
este modo, pudermos fazer alguma adição ao conjunto do
nosso conhecimento, em matérias de tão inexprimível importância.

Mas visto que, no fim de contas, o caráter abstrato destas
especulações não é recomendação, mas antes uma desvanta-
gem para elas, e uma vez que esta dificuldade pode talvez ser
superada pelo cuidado e pela arte e através da evitação de todo
o pormenor desnecessário, procurámos, na seguinte investigação, lançar alguma luz sobre matérias das quais a incerteza tem,
até agora, desencorajado o sábio, e a obscuridade o ignorante.

Felizes de nós, se conseguirmos unir as fronteiras dos diferentes tipos de filosofia, ao reconciliarmos a pesquisa profunda com a clareza, e a verdade com a novidade! E mais felizes ainda, se, ao argumentarmos desta maneira acessível, pudermos eliminar os fundamentos de uma filosofia abstrusa, que parece ter, até agora, servido apenas como refúgio à superstição e como um abrigo para a absurdidade e o erro!

Secção II

Da origem das ideias

Todos admitirão prontamente que existe uma diferença 11
considerável entre as perceções *(perceptions)* da mente, quando
um homem sente a dor de um calor excessivo ou o prazer de
um ardor moderado, e quando ele depois traz à memória a sua
sensação *(sensation)* ou a antecipa mediante a sua imaginação
(imagination). Estas faculdades podem mimar ou copiar as perceções dos sentidos, mas nunca podem inteiramente atingir a
força e vivacidade do sentimento *(sentiment)* original. O máximo
que delas afirmamos, mesmo quando atuam com o maior vigor,
é que representam o seu objeto de uma maneira tão viva que
poderíamos *quase* dizer que o sentimos ou vemos. Mas, a não
ser que a mente esteja desarranjada pela doença ou pela loucura, elas nunca podem chegar a tal nível de vivacidade que
tornem totalmente indistinguíveis as perceções. Todas as cores
da poesia, por esplêndidas que sejam, jamais podem pintar os
objetos naturais de uma maneira tal que levem a descrição a ser
tomada por uma paisagem real. O mais vivo pensamento *(thou-
ght)* é ainda inferior à à mais baça sensação *(sensation)*.

Podemos observar que uma distinção similar prevalece
em todas as outras perceções da mente. Um homem, num acesso
de cólera, é movido de um modo muito diferente daquele
que apenas pensa nesta emoção *(emotion)*. Se alguém me diz
que uma pessoa está apaixonada, eu facilmente compreendo
o que quer dizer *(meaning),* e formo uma justa conceção da
sua situação, mas nunca posso confundir esta conceção com

26 | INVESTIGAÇÃO SOBRE O ENTENDIMENTO HUMANO

as desordens e as agitações da paixão. Quando refletimos acerca dos nossos sentimentos e estados de ânimo *(affections)* passados, o nosso pensamento é um espelho fiel, e copia os seus objetos com verdade; mas as cores que emprega são indistintas e baças em comparação daquelas com que estavam revestidas as nossas perceções originais. Não se exige nenhum discernimento fino ou cabeça metafísica para assinalar a distinção entre elas.

12 Podemos, pois, dividir aqui todas as perceções da mente em duas classes ou tipos, que se distinguem pelos seus diferentes graus de força e vivacidade. As menos intensas e vivas são comummente designadas *Pensamentos (thoughts) ou Ideias (ideas)*. O outro tipo carece de um nome na nossa língua e em muitas outras; assim suponho, porque não havia quaisquer requisitos, a não ser filosóficos, para os classificar sob um termo ou designação geral. Usemos, pois, de um pouco de liberdade e chamemos-lhes *Impressões (impressions)*, empregando esta palavra num sentido um tanto diverso do habitual. Pelo termo *impressão* significo todas as nossas perceções mais vivas, quando ouvimos, vemos, sentimos, amamos, odiamos, desejamos ou queremos. E as impressões distinguem-se das ideias, que são as impressões menos intensas, das quais somos conscientes quando refletimos sobre qualquer das sensações ou movimentos acima mencionados.

13 Nada, à primeira vista, pode parecer mais livre do que o pensamento do homem, que não só se esquiva a todo o poder e autoridade humanos, mas nem sequer está encarcerado dentro dos limites da natureza e da realidade. Dar forma a monstros e associar imagens e aparências não custa à imaginação maior esforço do que conceber os objetos mais naturais e familiares. E enquanto o corpo está confinado a um planeta, ao longo do qual se arrasta com dor e dificuldade, o pensamento pode, num instante, transportar-nos para as mais distantes regiões do universo ou mesmo para lá do universo, para o caos ilimitado, onde a natureza, por suposição, se encontra em total confusão. O que nunca foi visto ou se ouviu pode, apesar de tudo, conceber-se e nenhuma coisa existe para além do poder do pensamento, exceto o que implica uma absoluta contradição.

DA ORIGEM DAS IDEIAS | 27

Mas, embora o nosso pensamento pareça possuir esta liberdade irrestrita, veremos, num exame mais pormenorizado, que se encontra realmente confinado a limites muito estreitos e que todo este poder criador da mente nada mais vem a ser do que a faculdade de compor, transpor, aumentar ou diminuir os materiais que nos são fornecidos pelos sentidos e pela experiência. Quando pensamos numa montanha de oiro, juntamos unicamente duas ideias consistentes, *oiro e montanha,* com as quais já antes estávamos familiarizados. Podemos conceber um cavalo virtuoso porque, a partir do nosso próprio sentimento *(feeling),* podemos conceber a virtude; e esta agregamo-la à figura e à forma de um cavalo, que é um animal para nós familiar. Em suma, todos os materiais do pensamento são derivados da sensibilidade(*) *(sentiment)* externa ou interna: a mistura e composição destes pertencem apenas à mente e à vontade. Ora, para me expressar em linguagem filosófica, todas as nossas ideias, ou perceções mais fracas, são cópias das nossas impressões ou [perceções] mais intensas.

Os dois argumentos seguintes serão, espero, suficientes para **14** provar isto. Primeiro, ao analisarmos os nossos pensamentos ou ideias, por muito compostas e sublimes que sejam, sempre descobrimos que elas se resolvem em ideias tão simples como se fossem copiadas de uma sensação ou sentimento precedente. Mesmo as ideias que, à primeira vista, parecem afastadas desta origem, descobre-se, após um escrutínio mais minucioso, serem dela derivadas. A ideia de Deus, enquanto significa um Ser infinitamente inteligente, sábio e bom, promana da reflexão sobre as operações da nossa própria mente e eleva sem limite essas qualidades da bondade e sabedoria. Podemos prosseguir esta inquirição até ao ponto que nos agradar, onde sempre descobriremos que toda a ideia que examinamos é copiada de uma impressão similar. Aqueles que afirmarem que esta posição não

---

(*) Há em Hume uma certa oscilação entre *feeling, sentiment, sensation,* etc. Aqui, *sentiment* foi traduzido por «sensibilidade», por se afigurar mais adequado. O leitor não deve, porém, deixar de atender a esta flutuação terminológica humeana, nem sempre totalmente discriminável. (*N. T.*)

28 | INVESTIGAÇÃO SOBRE O ENTENDIMENTO HUMANO

é universalmente verdadeira nem sem exceção têm um só e fácil método de a refutar, apresentando essa ideia que, na sua opinião, não é derivada desta fonte. Compete-nos, pois, a nós, se havemos de manter a nossa doutrina, mostrar a impressão, ou a perceção viva que lhe corresponde.

15 Segundo, se acontecer que um homem, em virtude de um defeito dos órgãos, não é suscetível de qualquer espécie de sensação, vemos sempre que ele é igualmente pouco suscetível das ideias correspondentes. Um homem cego não pode formar nenhuma noção das cores, e um surdo, dos sons. Restitua-se a cada um deles o sentido em que é deficiente; franqueando esta nova entrada para as suas sensações, patenteia-se também uma entrada para as ideias, e ele não encontra dificuldade alguma em conceber esses objetos. O mesmo acontece se o objeto, adequado para a excitação de alguma sensação, nunca se tiver aplicado aos órgãos. Um lapão ou um negro não têm noção do paladar do vinho. E embora haja poucos ou nenhuns exemplos de uma semelhante deficiência na mente, em que uma pessoa nunca reconheceu ou é totalmente incapaz de um sentimento ou paixão que pertence à sua espécie, no entanto, descobrimos que a mesma observação ocorre num grau menor. Um homem de maneiras brandas não pode formar uma ideia de vingança ou crueldade inveterada, nem um coração egoísta pode facilmente conceber as alturas da amizade e da generosidade. Admite-se prontamente que outros seres possam possuir muitos sentidos dos quais não temos nenhuma noção, porque as ideias deles nunca nos foram introduzidas da única maneira pela qual uma ideia pode ter acesso à mente, isto é, através da sensibilidade e da sensação efetivas.

16 Existe, contudo, um fenómeno contraditório que pode provar que não é absolutamente impossível surgirem ideias independentes das suas impressões correspondentes. Creio que sem grande esforço se admitirá que as várias e distintas ideias de cor, que entram pelos olhos, ou as de som, que são transportadas pelos ouvidos, são realmente diferentes umas das outras, embora, ao mesmo tempo, se assemelhem. Ora, se isto é verdade a respeito das diferentes cores, também o não deve ser

menos acerca dos diferentes matizes da mesma cor; e cada matiz produz uma ideia distinta, independente do resto. Pois, se isto se houver de negar, é possível, pela contínua gradação de matizes, deslocar insensivelmente uma cor para o que mais remoto dela está; e se não se permitir a algum dos meios ser diferente, também não se pode, sem absurdo, recusar aos extremos serem os mesmos. Suponhamos, pois, que uma pessoa desfrutou da sua visão durante trinta anos e que se tornou perfeitamente familiarizada com cores de todas as espécies, exceto com um matiz particular de azul, por exemplo, que nunca teve a sorte de encontrar. Que todos os diferentes matizes dessa cor, exceto aquele único, lhe sejam apresentados, descendo gradualmente do mais escuro para o mais claro; é evidente que ela percepcionará uma lacuna, onde essa cor falta, e terá consciência de que nesse lugar há, entre as cores contíguas, uma distância maior do que em qualquer outro. Pergunto eu, agora: ser-lhe-á possível, pela sua própria imaginação, suprir tal deficiência e ascender por si mesma à ideia desse matiz particular, embora nunca lhe tenha sido transmitida pelos sentidos? Creio que serão poucos os que não tenham a opinião de que ela pode: e isto pode servir de prova de que as ideias simples não são sempre, em todas as circunstâncias, derivadas das impressões correspondentes, embora este exemplo seja tão singular que dificilmente é digno da nossa observação e não merece que, por ele apenas, tenhamos de alterar a nossa máxima geral.

Eis aqui, por conseguinte, uma proposição que não só **17** parece, em si mesma, simples e inteligível, mas que, se dela se fizesse um uso conveniente, poderia tornar igualmente inteligível toda a disputa e banir toda aquela gíria que, até agora, se apoderou dos raciocínios metafísicos e sobre eles lançou a vergonha. Todas as ideias, em especial as abstratas, são naturalmente vagas e obscuras; a mente tem delas apenas um escasso domínio. E são propensas a confundir-se com outras ideias semelhantes; e quando utilizámos muitas vezes algum termo, embora sem um significado distinto, temos a inclinação para imaginar que possui uma ideia determinada a ele anexa. Pelo contrário, todas as impressões, isto é, todas as sensações, quer

30 | INVESTIGAÇÃO SOBRE O ENTENDIMENTO HUMANO

externas ou internas, são fortes e vivas; os limites entre elas estão mais exatamente determinados, e nem é fácil cair em erro ou engano em relação a elas. Por consequência, quando alimentarmos alguma suspeita de que um termo filosófico é empregue sem um significado ou ideia (como acontece com demasiada frequência), precisamos apenas de perguntar: *de que impressão deriva esta suposta ideia?* E se for impossível assinalar alguma, isso servirá para confirmar a nossa suspeita. Mediante esta tão clara elucidação das ideias, podemos justamente esperar remover toda a disputa que possa surgir acerca da sua natureza e realidade([1]).

([1]) É provável que aqueles que negaram as ideias inatas nada mais quisessem dizer do que todas as ideias eram cópias (copies) das nossas impressões, embora se deva afirmar que os termos por eles empregues não foram escolhidos com cuidado, nem tão exatamente definidos que impedissem que todos os erros acerca da sua doutrina. Pois, o que se quer significar por inato? Se inato (innate) é equivalente a natural, então deve admitir-se que todas as perceções e ideias da mente são inatas ou naturais, seja qual for a aceção em que tomemos a última palavra, mais precisamente a de oposição ao que é incomum, artificial ou miraculoso. Se por inato se entende contemporâneo, a disputa parece ser frívola, nem vale a pena inquirir por um momento em que altura começa o pensamento, se antes, em ou após o nosso nascimento. Mais uma vez, a palavra ideia parece ser comummente tomada num sentido muito vago por Locke e outros, como significando qualquer das nossas perceções, sensações e paixões, bem como pensamentos. Ora, neste sentido, desejamos saber o que se quer dizer ao asserir que o egoísmo ou o ressentimento das injúrias ou a paixão entre os são sexos não são inatos.

Mas, se admitirmos os termos, impressões e ideias, na aceção supramencionada e entendermos por inato o que é original ou não copiado de uma perceção precedente, então podemos afirmar que todas as nossas impressões são inatas, e as nossas ideias [são] inatas.

Para ser sincero, devo reconhecer ser minha opinião que Locke foi transviado para esta questão pelos escolásticos, que, no seu uso de termos não definidos, arrastam as suas disputas até uma extensão enfadonha, sem jamais tocarem no ponto em questão. Uma ambiguidade e um circunlóquio semelhantes parecem permear as apresentações do filósofo sobre este e muitos outros assuntos.

Secção III

Da associação das ideias

É evidente que existe um princípio de conexão entre os 18
diferentes pensamentos ou ideias da mente e que, no seu
aparecimento à memória ou à imaginação, se apresentam
umas às outras com um certo grau de método e regularidade.
No nosso pensar ou discurso mais sério, isto pode de tal modo
ver-se que qualquer pensamento particular, que irrompe num
trato ou cadeia de ideias, é imediatamente notado e rejei-
tado. E mesmo nos nossos mais desordenados e errabundos
devaneios, ou antes, nos nossos sonhos, verificaremos, se nos
entregarmos à reflexão, que a imaginação não deambulou ao
acaso, mas que existe ainda uma conexão sustida entre as diferentes ideias, que se sucedem umas às outras. Se a mais solta
e mais livre conversação houvesse de ser transcrita, notar-se-ia
imediatamente algo que a ligava em todas as suas transições.
Ou, onde isso falta, a pessoa que interrompeu o fio do discurso
poderia ainda informar-nos de que tinha secretamente revol-
vido na sua mente uma série de pensamentos que a afastara
gradualmente do tema da conversação. Entre diferentes línguas, mesmo onde não podemos suspeitar minimamente
uma conexão ou comunicação, nota-se que as palavras, que
exprimem as ideias mais compostas, correspondem ainda claramente umas às outras: uma certa prova de que as ideias simples, compreendidas nas compostas, estavam ligadas por algum
princípio universal, que tinha uma igual influência em toda a
humanidade.

32 | INVESTIGAÇÃO SOBRE O ENTENDIMENTO HUMANO

19   Embora seja demasiado evidente para se furtar à observação de que ideias diferentes se conectam, não descubro que algum filósofo tenha tentado enumerar ou classificar todos os princípios de associação. E, no entanto, é um assunto que parece digno de curiosidade. Para mim, parece-me haver apenas três princípios de conexão entre as ideias, a saber, *Semelhança (resemblance), Contiguidade (contiguity)* no tempo e no espaço *e Causa* ou *Efeito (cause, effect).*

Creio que não surgirão muitas dúvidas acerca do facto de estes princípios servirem para conectar ideias. Uma pintura leva naturalmente os nossos pensamentos para o original[1]: a menção de um aposento num edifício introduz uma inquirição ou discurso a respeito dos outros[2]; e se pensarmos numa ferida, dificilmente nos abstemos de refletir sobre a dor que se lhe segue[3]. Mas pode ser difícil provar, para a satisfação do leitor ou mesmo para o próprio prazer de um homem, que esta enumeração é completa e que não há outros princípios de associação exceto estes. Tudo o que podemos fazer, em tais casos, é passar os olhos por vários casos, e examinar cuidadosamente o princípio que liga os diferentes pensamentos uns aos outros, nunca parando até tornarmos o princípio tão geral quanto possível[4]. Quanto mais casos indagarmos e maior cuidado empregarmos tanto maior segurança adquiriremos de que a enumeração, que formamos desde o todo, é completa e íntegra.

---

[1] Semelhança.

[2] Contiguidade.

[3] Causa e efeito.

[4] Por exemplo, o Contraste ou a Oposição (contrariety) é também uma conexão entre Ideias, mas talvez possa considerar-se como uma mistura de Causação e Semelhança. Onde dois objetos são contrários, um destrói o outro; isto é, a causa da sua aniquilação, e a ideia da aniquilação de um objeto, implica a ideia da sua existência anterior.

Secção IV

Dúvidas céticas acerca
das operações do entendimento

Parte I

Todos os objetos da razão ou investigação humanas podem **20** naturalmente dividir-se em duas classes, a saber, *Relações de Ideias (relations of ideas)* e *Questões de Facto (matters of fact)*(*). Do primeiro tipo são as ciências da Geometria, Álgebra e Aritmética e, em suma, toda a afirmação que é intuitiva ou demonstrativamente certa. *Que o quadrado da hipotenusa é igual à soma dos quadrados dos dois lados,* é uma proposição que exprime uma relação entre estas figuras. *Que três vezes cinco é igual à metade de trinta,* expressa uma relação entre estes números. Proposições deste tipo podem descobrir-se pela simples operação do pensamento, sem dependência do que existe em alguma parte no universo. Ainda que nunca tivesse havido um círculo ou um triângulo na natureza, as verdades demonstradas por Euclides conservariam para sempre a sua certeza e evidência.

As questões de facto, que constituem os segundos objetos da **21** razão humana, não são indagadas da mesma maneira, nem a nossa evidência da sua verdade, por maior que seja, é de natureza semelhante à precedente. O contrário de toda a questão

---

(*) Traduzi *matters of fact* por «questões de facto»; talvez seja discutível esta versão. Poderia igualmente traduzir-se por «factos» ou «coisas de facto». Todas estas opções existem em autores que se ocuparam do pensamento de Hume. (*N. T.*)

34 INVESTIGAÇÃO SOBRE O ENTENDIMENTO HUMANO

de facto é ainda possível, porque jamais pode implicar uma contradição, e é concebido pela mente com a mesma facilidade e nitidez, como se fosse idêntico à realidade. *Que o sol não se há de levantar amanhã,* não é uma proposição menos inteligível e não implica maior contradição do que a afirmação de *que ele se levantará.* Por conseguinte, em vão tentaríamos demonstrar a sua falsidade. Se fosse demonstrativamente falsa, implicaria uma contradição e nunca poderia ser distintamente concebida pela mente.

Pode, pois, ser um assunto digno de curiosidade inquirir qual é a natureza da prova que nos assegura acerca de qualquer existência real e questão de facto, para além do testemunho presente dos nossos sentidos ou dos registos da nossa memória. Esta parte da filosofia, assim se pode ver, foi pouco cultivada pelos antigos ou pelos modernos e, por conseguinte, as nossas dúvidas e erros, na prossecução de tão importante indagação, podem ser mais desculpáveis, ao avançarmos, através de tais sendas difíceis, sem qualquer guia ou direção. Podem mesmo revelar-se úteis, ao excitarem a curiosidade e destruírem aquela fé e segurança implícitas que são a ruína de toda a argumentação e livre pesquisa. A descoberta de defeitos na filosofia comum, se alguns aí houver, não será, assim espero, um desencorajamento, mas antes um incitamento, como é usual, a tentar algo de mais pleno e satisfatório do que até agora tem sido proposto ao público.

22   Todos os raciocínios relativos à questão de facto *(matter of fact)* parecem fundar-se na relação de *Causa e Efeito.* Só mediante esta relação podemos ir além do testemunho da nossa memória e dos nossos sentidos. Se perguntássemos a um homem porque acredita ele em alguma questão de facto, que está ausente, por exemplo, que o seu amigo está no campo ou na França, fornecer-nos-ia uma razão e esta razão seria algum outro facto, como uma carta dele recebida ou o conhecimento das suas antigas resoluções e promessas. Um homem que encontrasse um relógio ou qualquer outra máquina numa ilha deserta concluiria que noutros tempos estiveram homens nessa ilha. Todos os nossos raciocínios acerca de factos são da mesma natureza.

DÚVIDAS CÉTICAS ACERCA DAS OPERAÇÕES DO ENTENDIMENTO | 35

E aqui supõe-se constantemente que existe uma conexão entre o facto presente e aquele que dele é inferido. Se nada houvesse a ligá-los, a inferência seria inteiramente precária. A audição de uma voz articulada e de discurso racional na escuridão certifica--nos da presença de alguma pessoa. Porquê? Porque são efeitos da maneira de ser e da estrutura [*fabric*] humanas, e intimamente a elas adstritos. Se anatomizarmos todos os outros raciocínios desta natureza, veremos que se baseiam na relação de causa e efeito, e que esta relação é próxima ou remota, direta ou colateral. O calor e a luz são efeitos colaterais do fogo, e um efeito pode justamente inferir-se a partir do outro.

Se, por conseguinte, nos convencermos a nós mesmos **23** quanto à natureza desta evidência, que nos assegura das questões de facto, devemos indagar como chegamos ao conhecimento da causa e do efeito.

Atrever-me-ei a afirmar, como uma proposição geral que não admite exceção, que o conhecimento desta relação não é, em circunstância alguma, obtido por raciocínios *a priori,* mas deriva inteiramente da experiência, ao descobrirmos que alguns objetos particulares se combinam constantemente uns com os outros. Apresente-se um objeto a um homem de razão e capacidades naturais muito fortes; se esse objeto for para ele inteiramente novo, não será capaz, mediante o mais rigoroso exame das suas qualidades sensíveis, de descobrir qualquer das suas causas e efeitos. Adão, ainda que as suas faculdades racionais se suponham, logo de início, totalmente perfeitas, não poderia ter inferido da fluidez e transparência da água que ela o sufocaria, ou a partir da luz e do calor do fogo que ele o consumiria. Nenhum objeto descobre jamais, pelas qualidades que aparecem aos sentidos, as causas que o produziram ou os efeitos que dele derivarão; nem a nossa razão consegue alguma vez, sem ser assistida pela experiência, fazer uma inferência acerca da existência real e da questão de facto.

Esta proposição, *que as causas e os efeitos se podem descobrir,* **24** *não pela razão, mas pela experiência,* será prontamente admitida em relação a tais objetos, segundo nos lembramos de uma vez nos terem sido totalmente desconhecidos, visto que devemos

36 | INVESTIGAÇÃO SOBRE O ENTENDIMENTO HUMANO

ser conscientes da extrema incapacidade, a que então estávamos sujeitos, de predizer o que deles derivaria. Apresentai dois pedaços lisos de mármore a um homem que não tem nenhuma tintura de filosofia natural; nunca descobrirá que eles hão de aderir um ao outro de tal maneira que exigirão grande força para os separar numa linha direta, enquanto oferecem tão pequena resistência a uma pressão lateral. Tais acontecimentos, visto que têm pouca analogia com o curso comum da natureza, também se reconhece sem demora que são conhecidos apenas pela experiência; nem homem algum imagina que a explosão da pólvora ou a atração de uma pedra-íman poderia alguma vez ser descoberta por argumentos *a priori*. De modo semelhante, quando se supõe que um efeito depende de um maquinismo intricado ou estrutura secreta das partes, não temos dificuldades em atribuir todo o nosso conhecimento dele à experiência. Quem afirmará que pode fornecer a última razão por que é o leite ou o pão alimento adequado para um homem, e não para um leão ou um tigre?

Mas a mesma verdade pode não parecer, à primeira vista, ter a mesma evidência relativamente aos eventos que se nos tornaram familiares desde o nosso primeiro aparecimento no mundo, que encerram uma estreita analogia com o curso total da natureza e que, supostamente, dependem das qualidades simples, sem qualquer estrutura secreta das partes. Inclinamo-nos a imaginar que poderíamos descobrir os efeitos pela mera operação da nossa razão, sem a experiência. Supomos que, se fôssemos subitamente trazidos a este mundo, poderíamos, a princípio, ter inferido que uma bola de bilhar comunicava o movimento a outra após impulso e que não precisávamos de ter esperado pelo acontecimento para nos pronunciarmos com certeza a seu respeito. Tal é a influência do costume *(custom)*, o qual, onde ele é mais forte, não só protege a nossa ignorância natural, mas até mesmo a dissimula, e parece não ter lugar, unicamente porque se encontra no mais alto grau.

25 Mas, para nos convencermos de que todas as leis da natureza e todas as operações dos corpos sem exceção se conhecem apenas por experiência, talvez possam bastar as seguintes reflexões. Se um objeto qualquer nos fosse apresentado e se nos fosse pedido para nos pronunciarmos acerca do efeito que dele derivará, sem consultar a observação passada, de que maneira, vos suplico eu, deve a mente proceder nesta operação? Deve inventar ou imaginar algum evento que atribui ao objeto como seu efeito; e é evidente que esta invenção deve ser inteiramente arbitrária. A mente, possivelmente, nunca pode encontrar o efeito na suposta causa através do mais rigoroso escrutínio e exame, porque o efeito é totalmente diferente da causa e, por conseguinte, jamais pode nela ser descoberto. O movimento na segunda bola de bilhar é um evento inteiramente distinto do movimento na primeira, nem coisa alguma existe numa para sugerir a mínima sombra da outra. Um pedra ou um pedaço de metal atirado ao ar e deixado sem qualquer apoio, imediatamente cai; mas, para considerarmos o assunto *a priori,* existe aí alguma coisa que descobrimos nesta situação que possa produzir a ideia de um movimento descendente, mais do que ascendente, ou outro movimento qualquer, na pedra ou no metal?

E visto que a primeira imaginação ou invenção de um efeito particular é arbitrária em todas as operações naturais, em que não consultamos a experiência, então, devemos considerar o presumível vínculo ou conexão entre a causa e o efeito que os liga a ambos e torna impossível que algum outro efeito possa derivar da operação dessa causa. Ao ver, por exemplo, uma bola de bilhar a mover-se em linha reta na direção de outra e ao supor mesmo que o movimento na segunda bola me é sugerido acidentalmente como o resultado do seu contacto ou impulso, não posso eu conceber que uma centena de eventos diferentes poderia igualmente seguir-se dessa causa? Não poderiam ambas as bolas permanecer em repouso absoluto? Não poderia a primeira bola rebater em linha reta ou guinar a partir da segunda em qualquer sentido ou direção? Todas estas suposições são consistentes e concebíveis. Porque havemos então de dar a preferência a uma, que não é mais consistente ou concebível do que as restantes? Todos os nossos raciocínios *a priori* nunca serão capazes de nos mostrar qualquer fundamento para esta preferência.

38 | INVESTIGAÇÃO SOBRE O ENTENDIMENTO HUMANO

Em suma, todo o efeito é, pois, um evento distinto da sua causa. Não podia, por conseguinte, descobrir-se na causa, e a primeira invenção ou conceção dele, *a priori*, deve ser inteiramente arbitrária. E mesmo depois de ter sido sugerida, a conjunção dele com a causa deve surgir igualmente arbitrária, visto que há sempre muitos outros efeitos que, para a razão, devem parecer plenamente tão consistentes e naturais. Em vão, pois, pretenderemos determinar qualquer evento singular ou inferir qualquer causa ou efeito, sem a ajuda da observação e da experiência.

26 Por este motivo, podemos descobrir a razão por que nenhum filósofo que seja sensato e modesto alguma vez pretendeu assinalar a última causa de uma operação natural, ou mostrar distintamente a ação do poder que produz algum efeito singular no universo. Admite-se que o máximo esforço da razão humana é reduzir os princípios, geradores dos fenómenos naturais, a uma maior simplicidade, e resolver os muitos efeitos particulares numas quantas causas gerais, mediante raciocínios de analogia, experiência e observação. Mas, relativamente às causas destas causas gerais, em vão tentaremos a sua descoberta, nem alguma vez conseguiremos satisfazer-nos mediante qualquer explicação particular delas. As últimas fontes e princípios estão totalmente encerrados à humana curiosidade e investigação. A elasticidade, a gravidade, a coesão das partes, a comunicação de movimento por impulso – são estas provavelmente as últimas causas e princípios que alguma vez descobriremos na natureza; e podemos considerar-nos suficientemente felizes se, mediante uma indagação e raciocínio rigorosos, conseguimos fazer remontar os fenómenos particulares a, ou muito próximo a, esses princípios gerais. A filosofia mais perfeita do tipo natural apenas afasta a nossa ignorância por mais algum tempo, da mesma maneira que talvez a mais perfeita filosofia de tipo moral ou metafísico unicamente serve para descobrir maiores porções dela. Assim, a observação da cegueira e fraqueza humanas é o resultado de toda a filosofia e depara-se-nos em toda a ocasião, não obstante as nossas tentativas para lhe fugirmos ou a evitarmos.

DÚVIDAS CÉTICAS ACERCA DAS OPERAÇÕES DO ENTENDIMENTO | 39

Nem sequer a geometria, quando tomada como ajuda da **27**
filosofia natural, é capaz de remediar este defeito, ou levar-nos
ao conhecimento das últimas causas, mediante todo o rigor do
raciocínio pelo qual ela é tão justamente celebrada. Cada parte
da matemática mista procede com base na suposição de que
certas leis são estabelecidas pela natureza nas suas operações, e
empregam-se raciocínios abstratos para ajudar a experiência na
descoberta destas leis, ou para determinar a sua influência em
circunstâncias particulares, onde ela depende de algum grau
preciso de distância e quantidade. Assim, é uma lei do movimento, descoberta pela experiência, que o momento ou a força
de qualquer corpo em movimento está na razão composta ou
proporção do seu conteúdo sólido e da sua velocidade; e, por
conseguinte, que uma força pequena pode remover o maior
obstáculo ou levantar o maior peso se, por algum aparelho ou
maquinismo, pudermos aumentar a velocidade desta força, de
modo a fazer dela algo que supere o seu antagonista. A geometria ajuda-nos na aplicação desta lei, proporcionando-nos as justas dimensões de todas as partes e figuras que podem integrar
qualquer espécie de máquina, mas, ainda então, a descoberta
da própria lei deve-se apenas à experiência e todos os raciocínios abstratos do mundo nunca nos poderiam levar a dar um
único passo em direção ao conhecimento dela. Quando raciocinamos *a priori* e consideramos somente algum objeto ou causa,
tal como aparece à mente, independente de toda a observação,
nunca ele poderia sugerir-nos a noção de um objeto distinto,
enquanto seu efeito; muito menos ainda, revelar-nos a conexão
inseparável e inviolável entre eles. Teria de ser muito sagaz um
homem que pudesse descobrir por raciocínio que o cristal é o
efeito do calor, e o gelo do frio, sem primeiro se ter familiarizado com a operação destas qualidades.

40 INVESTIGAÇÃO SOBRE O ENTENDIMENTO HUMANO

Parte II

28   Mas não obtivemos por enquanto nenhuma satisfação sofrível no tocante à questão primeiramente proposta. Cada solução suscita ainda uma nova questão tão difícil como a precedente e leva-nos a ulteriores indagações. Quando se pergunta, *Qual é a natureza de todos os nossos raciocínios acerca da questão de facto?*, a resposta adequada parece ser que eles se baseiam na relação de causa e efeito. Quando novamente se pergunta, *Qual é o fundamento de todos os nossos raciocínios e conclusões acerca desta relação?*, pode replicar-se com uma só palavra, a Experiência. Mas, se ainda levarmos avante o nosso humor esquadrinhador e perguntarmos, *Qual é o fundamento de todas as conclusões a partir da experiencia?*, isso implica uma nova questão, que possivelmente é de mais difícil solução e explicação. Os filósofos, que a si mesmos se dão ares de superior sabedoria e suficiência, têm uma tarefa difícil ao depararem-se-lhes pessoas de disposições inquiridoras que os desalojam de todos os cantos onde eles se abrigam, e que estão certas de, finalmente, os levar a algum dilema perigoso. O melhor expediente para impedir esta confusão é ser modesto nas nossas pretensões e descobrirmos nós próprios a dificuldade antes de ela nos ser proposta como objeção. Deste modo, podemos fazer da nossa real ignorância uma espécie de mérito.

Contentar-me-ei, nesta secção, com uma tarefa fácil e tentarei unicamente fornecer uma resposta negativa à questão aqui proposta. Digo então que, mesmo após termos experiência das operações de causa e efeito, as nossas conclusões a partir desta experiência *não* estão fundadas no raciocínio ou em qualquer processo do entendimento. Devemos esforçar-nos por explicar e defender esta resposta.

29   Deve certamente admitir-se que a natureza nos reteve a uma grande distância de todos os seus segredos e nos proporcionou apenas o conhecimento de algumas qualidades superficiais dos objetos, enquanto esconde de nós os poderes e princípios de que depende inteiramente a influência desses objetos. Os sentidos informam-nos da cor, do peso e da consistência do

DÚVIDAS CÉTICAS ACERCA DAS OPERAÇÕES DO ENTENDIMENTO | 41

pão, mas nem o sentido nem a razão nos podem alguma vez informar das qualidades que o preparam para o alimento e sustento do corpo humano. A vista ou o tato transmitem uma ideia do movimento concreto dos corpos, mas, relativamente a essa admirável força ou poder, que transportaria um corpo móvel para sempre numa contínua mudança de lugar e que os corpos nunca perdem, a não ser comunicando-a a outros, disso jamais podemos formar a mais longínqua conceção. Mas, apesar desta ignorância dos poderes([1]) e princípios naturais, presumimos sempre, ao vermos qualidades sensíveis semelhantes, que elas têm poderes secretos similares e esperamos que delas se seguirão efeitos análogos aos que experimentámos. Se um corpo de cor e consistência semelhantes às do pão, que antes comemos, nos for apresentado, não temos escrúpulo em repetir o experimento e prever, com certeza, um alimento e sustento semelhante. Ora, é este um processo da mente ou pensamento do qual, eu, de bom grado, conheceria o fundamento. Admite-se de todos os lados que não existe nenhuma conexão conhecida entre as qualidades sensíveis e os poderes secretos e, por conseguinte, que a mente não é levada a formar uma tal conclusão acerca da sua conjunção constante e regular, por coisa alguma que conheça da sua natureza. Quanto à *Experiência* passada, pode aceitar-se que ela fornece uma informação *direta* e *certa* apenas dos objetos precisos e do exato período de tempo que se tornaram conhecimento seu; mas, porque é que esta experiência se deveria estender a épocas futuras e a outros objetos, que saibamos, só na aparência pode ser similar; eis a principal questão em que eu insistiria. O pão, que anteriormente comi, alimentou-me, isto é, um corpo com tais qualidades sensíveis estava, nessa altura, dotado de tais secretos poderes; mas, segue-se que outro pão deve igualmente alimentar-me noutra altura e que qualidades sensíveis semelhantes devem sempre ser esperadas com poderes secretos similares? A consequência

---

([1]) A palavra Poder [*power*] é aqui usada num sentido vago e popular. A explicação mais rigorosa dela forneceria uma evidência adicional a este argumento. Ver Secção VII.

42 | INVESTIGAÇÃO SOBRE O ENTENDIMENTO HUMANO

de nenhum modo parece necessária. Pelo menos, há que reconhecer que existe aqui uma consequência tirada pela mente; que se deu um certo passo, um processo de pensamento e uma inferência, que querem ser explicados. Estas duas proposições estão longe de ser idênticas, *Descobri que tal objeto foi sempre aguardado com tal efeito*, e *Prevejo que outros objetos, que são aparentemente similares, serão aguardados com efeitos semelhantes.* Admitirei, se a alguém agradar, que uma proposição pode justamente inferir-se a partir da outra; sei, de facto, que ela é sempre inferida. Mas, se se insistir em que a inferência é feita por uma cadeia de raciocínio, eu desejo que esse raciocínio seja exibido. A conexão entre estas proposições não é intuitiva. Requer-se um meio que possa capacitar a mente para tirar uma tal inferência, se na realidade ela se deve tirar por raciocínio e argumentos. O que seja este meio devo confessar que ultrapassa a minha compreensão e mostrá-lo incumbe àqueles que asserem que ele realmente existe e é a origem de todas as nossas conclusões acerca das questões de facto.

30   Este argumento negativo deve certamente, no decurso do tempo, tornar-se de todo convincente, se muitos filósofos penetrantes e capazes virarem para aí as suas indagações e nenhum deles conseguir alguma vez descobrir uma proposição de ligação ou passo intermédio que apoie o entendimento nesta conclusão. Mas, porque a questão é ainda nova, nem todo o leitor pode confiar na sua própria perspicácia de modo a concluir, visto um argumento se esquivar à sua inquirição, que não existe, pois, realmente. Por esta razão, pode ser necessário arriscar-se a uma tarefa mais difícil e, pela enumeração de todos os ramos do conhecimento humano, tentar mostrar que nenhum deles pode fornecer um tal argumento.

Todos os raciocínios se podem dividir em duas espécies, a saber, raciocínio demonstrativo *(demonstrative reasoning)*, ou o concernente a relações de ideias, e raciocínio moral *(moral reasoning)*, ou o relativo a questões de facto e à existência. Parece evidente que não há argumentos demonstrativos neste caso, uma vez que não implica contradição que o curso da natureza possa mudar e que um objeto, aparentemente semelhante aos

DÚVIDAS CÉTICAS ACERCA DAS OPERAÇÕES DO ENTENDIMENTO | 43

que experienciámos, possa ser aguardado com efeitos diferentes ou contrários. Não posso eu conceber clara e distintamente que um corpo, caindo das nuvens, e que, em todos os outros aspetos, se assemelha à neve, possui no entanto o gosto do sal ou a sensação do fogo? Existe alguma proposição mais inteligível do que afirmar que todas as árvores florescerão em dezembro e janeiro e hão de perder a folha em maio e junho? Ora, tudo o que é inteligível e se pode conceber distintamente não implica contradição, e jamais pode demonstrar-se como falso por qualquer argumento demonstrativo ou raciocínio abstrato *a priori*.

Se, por conseguinte, formos levados por argumentos a confiar na experiência passada e a fazer dela o padrão do nosso juízo futuro, esses argumentos devem apenas ser prováveis, ou semelhantes relativamente às questões de facto e à existência real, de acordo com a divisão supramencionada. Mas, deve transparecer que nenhum argumento desta classe existe, se a nossa explicação desta espécie de raciocínio for aceite como sólida e satisfatória. Dissemos que todos os argumentos concernentes à existência se fundam na relação de causa e efeito, que o nosso conhecimento desta relação deriva inteiramente da experiência e que todas as conclusões experimentais promanam da suposição de que o futuro será idêntico ao passado. Tentar, pois, a prova desta última suposição mediante argumentos prováveis ou argumentos relativos à existência deve ser, evidentemente, andar num círculo e tomar como garantido aquilo que está justamente em questão.

Na realidade, todos os argumentos da experiência se baseiam 31 na semelhança que descobrimos entre os objetos naturais e pela qual somos induzidos a esperar efeitos similares àqueles que vimos seguirem-se de tais objetos. E embora ninguém, a não ser um louco ou um tolo, pretenda alguma ver disputar a autoridade da experiência, ou rejeitar este grande guia da vida humana, pode certamente permitir-se a um filósofo ter, pelo menos, suficiente curiosidade para examinar o princípio da natureza humana que dá à experiência esta poderosa autoridade e nos leva a tirar vantagem da similaridade que a

44 | INVESTIGAÇÃO SOBRE O ENTENDIMENTO HUMANO

natureza estabeleceu entre objetos diferentes. De causas que parecem *semelhantes* esperamos efeitos semelhantes. Esta é a síntese de todas as nossas conclusões experimentais. Ora, parece evidente que, se esta conclusão fosse formada pela razão, seria de início e num único caso tão perfeita como após um tão longo decurso da experiência *(experience)*. Mas o que acontece é muitíssimo diferente. Nada tão parecido como os ovos e, no entanto, ninguém, em virtude desta aparente semelhança, espera o mesmo gosto e sabor em todos eles. Só depois de um longo decurso de experimentos *(experiments)* (*) uniformes de qualquer género é que obtemos uma firme confiança e certeza relativamente a um evento particular. Ora, onde está esse processo de raciocínio que, de um caso, tira uma conclusão tão diferente da que ele infere a partir de centenas de casos que de modo algum são diferentes desse caso singular? Proponho esta questão tanto por amor da informação como com uma intenção de suscitar dificuldades. Não posso descobrir, não posso imaginar um tal raciocínio. Mas mantenho ainda a minha mente aberta à instrução, se alguém a mim se dignar concedê-la.

(*) A palavra *experimento,* bem portuguesa ainda que não pareça, foi conscientemente usada sempre que aparece o termo inglês *experiment,* que Hume realça ao lado de *experience.* Há aqui um dado da *Wortgeschichte* e da história das ideias que importa não descurar: originalmente, *experimento e experiência* eram sinónimos (assim na Idade Média e no Renascimento); a partir de R. Bacon, *experimentum* começa a usar-se em relação à situação esquadrinhadora de um problema mediante um projeto racional, instrumentos técnicos e aparelhos, e distingue-se da *experientia* enquanto experiência vulgar, adquirida. Esse uso linguístico generaliza-se na ciência, na alquimia e na tecnologia. A formulação de Francis Bacon tira todas as dúvidas: para ele, o *experimentum* é a *experientia quaesita* (a experiência procurada). Com efeito, diz: «*Restat experientia mera, quae, si occurrat, casus, si quaesita sit, experimentum nominatur*» (Resta a simples experiência que, se ocorrer, tem o nome de acaso, e se for procurada, se designa experimento) (*Novum Organum,* I, 82). Ora, Hume movia-se no mesmo contexto e sabia muito bem a razão das duas palavras diversas (que, atualmente, entraram já no uso normal das grandes línguas de cultura). Porque não generalizá-la também em português? (*N. T.*)

Dever-se-ia dizer que, de alguns experimentos uniformes, **32**
nós *inferimos* uma conexão entre as qualidades sensíveis e os
poderes secretos; parece ser esta, devo confessar, a mesma dificuldade, expressa em termos diferentes. A questão volta ainda a
surgir: em que processo de argumento se funda esta *inferência?*
Onde está o meio, as ideias interpostas, que juntam proposições tão longe umas das outras? Afirma-se que a cor, a consistência e outras qualidades sensíveis do pão não parecem por
si mesmas ter qualquer conexão com os poderes secretos de
alimento e sustento; porque, de outro modo, poderíamos inferir estes poderes secretos a partir do primeiro aparecimento
dessas qualidades sensíveis, sem a ajuda da experiência, contrariamente ao sentimento de todos os filósofos e em oposição à simples questão de facto. Aqui está, pois, o nosso natural
estado de ignorância relativamente aos poderes e à influência
de todos os objetos. Como é ele remediado pela experiência?
Ela mostra-nos somente alguns efeitos uniformes, resultando
de certos objetos, e ensina-nos que esses objetos particulares,
nesse momento particular, estavam dotados de tais poderes e
forças. Quando se exibe um novo objeto dotado de similares
qualidades sensíveis, esperamos poderes e forças semelhantes
e vamos à procura de um efeito similar. De um corpo de cor e
consistência análogas às do pão esperamos alimento e sustento
semelhante. Mas isto é, sem dúvida, um avanço ou progresso
da mente que precisa de ser explicado. Quando um homem
diz, *Descobri, em todos os casos passados, tais qualidades sensíveis
combinadas com tais poderes secretos,* e ao afirmar, *Qualidades sensíveis semelhantes estarão sempre conexas com poderes secretos similares,*
ele não é culpado de uma tautologia, nem estas proposições
são a nenhum respeito idênticas. Afirmais que uma proposição
é uma inferência da outra. Mas, deveis confessar que a inferência não é intuitiva, nem demonstrativa. De que natureza é,
então? Afirmar que é experimental é supor já que é verdadeira,
porque todas as inferências a partir da experiência supõem,
como seu fundamento, que o futuro se assemelhará ao passado
e que poderes similares estarão ligados a qualidades sensíveis
similares. Se alguma suspeita houver de que o curso da natu-

46 INVESTIGAÇÃO SOBRE O ENTENDIMENTO HUMANO

reza pode mudar e de que o passado pode não ser regra para o futuro, toda a experiência se torna inútil e não pode suscitar nenhuma inferência ou conclusão. É impossível, pois, que quaisquer argumentos da experiência possam provar a semelhança do passado com o futuro, visto que todos os argumentos se baseiam na suposição desta semelhança. Admita-se que o curso das coisas foi muito regular até agora; isso só por si, sem algum novo argumento ou inferência, não prova que, para o futuro, assim há de continuar. É em vão que alguém pretende ter aprendido a natureza dos corpos a partir da sua experiência passada. A sua natureza secreta e, consequentemente, todos os seus efeitos e influência, podem alterar-se, sem uma mudança nas suas qualidades sensíveis. Isto por vezes acontece e em relação a alguns objetos: porque não pode isso acontecer sempre e relativamente a todos os objetos? Que lógica, que processo de argumentação nos assegura contra esta suposição? A minha prática, direis, refuta as minhas dúvidas. Mas, confundis o teor da minha questão. Como agente, sinto-me plenamente satisfeito quanto a este assunto; mas, como filósofo, a quem coube uma parte de curiosidade, eu não diria ceticismo, quero apreender o fundamento desta inferência. Nenhuma leitura, nenhuma inquirição foi até agora capaz de eliminar a minha dificuldade ou de me satisfazer numa matéria de tal importância. Posso eu fazer melhor do que propor a dificuldade ao público mesmo se, talvez, poucas esperanças tenho de obter uma solução? Pelo menos, seremos assim conscientes da nossa ignorância, se não aumentarmos o nosso conhecimento.

33 Devo afirmar que é culpado de arrogância imperdoável o homem que, lá por um argumento se ter subtraído à sua própria pesquisa, conclui que ele não existe realmente. Devo também confessar que, embora todos os letrados, durante várias épocas, se tenham empenhado numa investigação infrutífera sobre um assunto, pode ser talvez temerário concluir positivamente que o assunto deve, pois, ultrapassar toda a compreensão humana. Mesmo que examinemos todas as fontes do nosso conhecimento e concluamos que elas são impróprias para tal assunto, pode ainda persistir uma suspeita de que a enumeração não é completa ou a inspeção não é rigorosa. Mas, no tocante ao tema presente, há algumas considerações que parecem afastar toda a acusação de arrogância ou suspeita de erro. É certo que os campónios mais ignorantes e broncos – e até as criancinhas ou mesmo as bestas brutas – progridem com a experiência e aprendem as qualidades dos objetos naturais, observando os efeitos que deles derivam. Quando uma criança teve a sensação de dor ao tocar na chama de uma vela, terá o cuidado de não aproximar a sua mão de qualquer vela, mas esperará um efeito semelhante de uma causa que é similar nas suas qualidades e aparências sensíveis. Se, por conseguinte, alguém asserir que o entendimento da criança é levado a esta conclusão por um processo de raciocínio, eu posso justamente exigir que se patenteie esse argumento; nem se pode ter a pretensão de recusar uma exigência tão equitativa. Não podeis dizer que o argumento é absurdo e que, possivelmente, vai subtrair-se à vossa pesquisa, uma vez que afirmais que ele é óbvio para a capacidade de uma simples criancinha. Se, pois, por um momento hesitais ou se, após reflexão, apresentais um argumento complicado ou profundo, então, abandonais de certa maneira a questão e admitis que não é o raciocínio, que nos leva a supor o passado como assemelhando-se ao futuro e a esperar efeitos semelhantes de causas que são, na aparência, similares. Esta é a proposição que eu procurei fazer valer na presente secção. Se tiver razão, não pretendo ter feito nenhuma descoberta considerável. E se estiver enganado, devo reconhecer pessoalmente que sou, de facto, um estudioso muito retrógrado, pois não consigo agora descobrir um argumento que, assim parece, me era perfeitamente familiar muito antes de eu sair do berço.

Secção V

Solução cética das dúvidas

Parte I

A paixão da filosofia, como a da religião, embora vise a 34
correção das nossas maneiras e a extirpação dos nossos vícios,
parece sujeita ao inconveniente de poder servir apenas, por
uso imprudente, para alimentar uma inclinação e empurrar
a mente, com resolução mais determinada, para o lado que já
puxa demasiado, em virtude do pendor e predisposição do temperamento natural. É certo que, ao aspirarmos à firmeza mag-
nânima do sábio filosófico e ao tentarmos confinar totalmente
os nossos prazeres ao interior das próprias mentes, podemos
acabar por fazer a nossa filosofia semelhante à de Epicteto e
de outros *Estoicos,* unicamente um sistema mais refinado de
egoísmo, e dissuadir-nos de toda a virtude bem como do prazer
social. Ao analisarmos com atenção a vaidade da vida humana
e ao orientarmos todos os pensamentos para a natureza oca
e transitória da riqueza e das honras, estamos talvez, durante
todo esse tempo, a lisonjear a nossa indolência natural, que, ao
detestar a azáfama do mundo e o trabalho excessivo do negócio, procura um simulacro de razão para se dar a si mesma
uma plena e incontrolada complacência. Há, no entanto, uma
espécie de filosofia que parece pouco sujeita a este inconveniente e isso porque não intervém com nenhuma paixão desor-
denada da mente humana nem pode associar-se a si mesma
com nenhuma afeição ou tendência natural; e é ela a filosofia

50 | INVESTIGAÇÃO SOBRE O ENTENDIMENTO HUMANO

académica ou cética. Os académicos falam sempre de dúvida e de suspensão do juízo, do perigo que existe em determinações apressadas, do confinamento a fronteiras muito estreitas das indagações do entendimento e da renúncia a todas as especulações que não se situam no interior dos limites da vida e da prática comuns. Nada, por conseguinte, pode ser mais contrário do que uma tal filosofia à inerte indolência da mente, à sua inconsiderada arrogância, às suas pomposas pretensões e à sua credulidade supersticiosa. Toda a paixão *(passion)* por ela é mortificada, exceto o amor da verdade; e esta paixão nunca é, nem pode ser, levada a um grau demasiado alto. Surpreende, pois, que esta filosofia, a qual, em quase todos os casos, deve ser inofensiva e inocente, seja objeto de tanta censura e difamação sem fundamento. Mas, talvez, a circunstância real que a torna tão inocente seja o que sobretudo a expõe ao ódio e ao ressentimento públicos. Ao não lisonjear paixões irregulares, conquista poucos adeptos; ao opor-se a tantos vícios e tolices, suscita um grande número de inimigos, que a estigmatizam como libertina, profana e irreligiosa.

Nem temos de recear que esta filosofia, ao tentar limitar as nossas pesquisas à vida comum, debilite sempre os raciocínios da vida comum e leve tão longe as suas dúvidas que destrua toda a ação e toda a especulação. A natureza manterá sempre os seus direitos e acabará por prevalecer sobre todo e qualquer raciocínio abstrato. Embora houvéssemos de concluir, por exemplo, como na secção precedente, que, em todos os raciocínios a partir da experiência, a mente dá um passo que não é apoiado por nenhum argumento ou processo do entendimento, não existe o perigo de que esses raciocínios, dos quais depende quase todo o conhecimento, venham alguma vez a ser afetados por uma tal descoberta. Se a mente não for induzida por argumentos a dar esse passo, deve ser levada por algum outro princípio de igual peso e autoridade, e esse princípio preservará a sua influência enquanto a natureza humana permanecer a mesma. Pode bem valer o esforço indagar o que seja tal princípio.

35 Suponhamos que uma pessoa, embora dotada das mais fortes faculdades da razão e reflexão, é trazida subitamente para este mundo; observaria, de facto, imediatamente uma contínua sucessão de objetos e um evento seguindo-se a outro, mas nada mais seria capaz de descobrir. Não conseguiria, a princípio, mediante qualquer raciocínio, alcançar a ideia de causa e efeito, visto que os poderes particulares pelos quais todas as operações naturais são executadas nunca aparecem aos sentidos; nem é justo concluir, unicamente porque um evento, num caso, precede outro, que o primeiro é, pois, a causa, e o segundo, o efeito. A sua conjunção pode ser arbitrária e casual. Pode não haver motivo para inferir a existência de um a partir da aparência do outro. E, numa palavra, tal pessoa, sem mais experiência, nunca poderia utilizar a sua conjetura ou raciocínio acerca de qualquer questão de facto ou certificar-se de coisa alguma para além do que está imediatamente presente à sua memória e aos seus sentidos.

Suponhamos, de novo, que ela adquiriu mais experiência e viveu durante tanto tempo no mundo que observou que objetos ou eventos familiares se combinam constantemente; qual é a consequência desta experiência? Imediatamente infere a existência de um objeto a partir do aparecimento do outro. Apesar de tudo, não adquiriu, mediante toda a sua experiência, ideia ou conhecimento algum do poder secreto pelo qual um objeto produz o outro, nem é induzida, por processo algum do raciocínio, a tirar essa inferência. Mas, apesar de tudo, vê-se determinada a tirá-la e, embora deva estar convencida de que o seu entendimento não participa na operação, continua, no entanto, no mesmo rumo de pensamento. Existe algum outro princípio que a determina a formar uma tal conclusão.

Este princípio é o costume *(custom)* ou hábito *(habit),* pois, **36** onde quer que a repetição de qualquer ato ou operação particular manifeste uma propensão para renovar o mesmo ato ou operação, sem ser impulsionado por raciocínio ou processo algum do entendimento *(understanding),* dizemos sempre que essa propensão é o efeito do *costume.* Ao empregarmos esta palavra, não pretendemos ter fornecido a razão de semelhante propensão. Salientamos apenas um princípio da natureza humana, que é reconhecido universalmente e muito conhecido pelos seus efeitos. Talvez não consigamos levar mais além as nossas indagações, ou tentar fornecer a causa desta causa, mas devemos ficar contentes com ela enquanto princípio último que podemos atribuir, de todas as nossas conclusões a partir da experiência. Já é satisfação bastante podermos chegar até aqui, sem nos lamentarmos da estreiteza das nossas faculdades, porque não nos levarão mais longe. E é certo que, aqui, apresentamos pelo menos uma proposição muito inteligível, se é que não uma verdadeira, ao asserirmos que, após a conjunção constante de dois objetos – o calor e a chama, por exemplo, o peso e a solidez –, somos determinados pelo costume a apenas esperar uma a partir do aparecimento do outro. Esta hipótese parece mesmo a única que explica a dificuldade de porque é que, de mil casos, tiramos uma inferência que não somos capazes de tirar de um único caso, o qual de nenhum modo é diferente daqueles. A razão *(reason)* é incapaz de uma tal variação. As conclusões que ela tira da consideração de um círculo são as mesmas que formaria após a inspeção de todos os círculos no universo. Mas nenhum homem, tendo visto unicamente um corpo mover-se depois de ser impelido por outro, poderia inferir que todos os outros corpos se moverão após um impulso semelhante. Por conseguinte, todas as inferências *(inferences)* a partir da experiência são efeitos do costume, não do raciocínio(¹).

(¹) Nada é mais útil do que, para escritores mesmo de temas *morais, políticos* ou *físicos,* distinguir entre *razão (reason)* e *experiência (experience)* e supor que estes tipos de argumentação são inteiramente diferentes uns dos outros. Os primeiros consideram-se como o mero resultado das nossas faculdades intelectuais que, mediante a consideração *a priori* da natureza das coisas e pelo exame dos efeitos que devem seguir-se da sua operação, estabelecem princípios particulares da ciência e da filosofia. Os últimos são, por suposição, inteiramente derivados dos sentidos e da observação, pelos quais aprendemos o que realmente resultou da operação de objetos particulares; e são, pois, capazes de inferir o que deles resultará, no futuro. Assim, por exemplo, as limitações e restrições do governo civil e uma constituição legal podem defender-se, ou a partir da *razão,* a qual, ao refletir sobre a grande fragilidade e corrupção da natureza humana, ensina que a nenhum homem se pode confiar com segurança uma autoridade ilimitada, ou a partir da *experiência* e da história, as quais

SOLUÇÃO CÉTICA DAS DÚVIDAS

nos informam dos enormes abusos que a ambição, em todas as épocas e países, fez verdadeiramente de uma tão imprudente confiança.

A mesma distinção entre razão e experiência se mantém em todas as nossas deliberações a respeito da conduta de vida: ao passo que se dá crédito ao estadista, ao general, ao médico ou ao comerciante experimentados, e são seguidos, o noviço inexperiente, sejam quais forem os talentos naturais de que é dotado, é esquecido e menosprezado. Embora se admita que a razão pode formar conjeturas muito plausíveis relativamente às consequências de uma tal conduta particular em tais circunstâncias particulares, é ainda tida como imperfeita sem o auxílio da experiência, que é a única capaz de dar estabilidade e certeza às máximas derivadas do estudo e da reflexão.

Mas, apesar de esta distinção ser universalmente aceite, tanto nas cenas ativas como especulativas da vida, não terei escrúpulos em afirmar que ela, no fundo, é errónea, ou, pelo menos, superficial.

Se examinarmos os argumentos que, em qualquer das ciências supramencionadas, se supõe constituírem meros efeitos do raciocínio e da reflexão, ver-se-á que irão, por fim, dar a um princípio ou conclusão geral, para a qual não podemos indicar razão alguma, a não ser a observação e a experiência. A única diferença entre eles e as máximas, que vulgarmente se consideram como resultado da experiência pura, é que os primeiros não podem estabelecer-se sem algum processo de pensamento e alguma reflexão sobre aquilo que observámos, de modo a distinguir as suas circunstâncias e investigar as suas consequências, ao passo que, nas últimas, o evento experienciado é rigoroso e plenamente familiar ao que nós inferimos como o resultado de uma situação particular. A história de um *Tibério* ou de um *Nero* faz-nos recear muito uma semelhante tirania, se os nossos monarcas estivessem libertos das restrições das leis e dos senados; mas a observação de um dolo ou crueldade na vida privada é suficiente, com a ajuda de uma breve cogitação, para em nós suscitar a mesma apreensão, enquanto serve de exemplo da geral corrupção da natureza humana e nos mostra o perigo que devemos correr ao depositarmos uma inteira confiança na humanidade. Em ambos os casos, é a experiência que constitui ultimamente o fundamento da nossa inferência e conclusão.

Não há nenhum homem tão jovem e inexperiente que não tenha formado, a partir da observação, muitas máximas gerais e justas acerca dos negócios humanos e da conduta de vida, mas deve admitir-se que, quando alguém as chega a pôr em prática, estará extremamente sujeito ao erro, até que o tempo e a ulterior experiência ampliem essas máximas e lhe ensinem o seu uso e aplicação adequados. Em todas as situações ou ocorrências, há muitas circunstâncias particulares e aparentemente minúsculas que o homem de maior talento é, a princípio, capaz de deixar passar, embora delas dependa

O costume, pois, é o grande guia da vida humana. Unicamente este princípio nos torna útil a experiência e nos faz esperar, para o futuro, uma série de eventos semelhantes àqueles que apareceram no passado. Sem a influência do costume, seríamos plenamente ignorantes em toda a questão de facto para além do que está imediatamente presente à memória e aos sentidos. Nunca saberíamos como ajustar os meios aos fins ou empregar as nossas potências naturais na produção de qualquer efeito. Dar-se-ia de imediato o termo de toda a ação e da principal parte da especulação.

37 Mas, pode aqui ser conveniente observar que, embora as conclusões a partir da experiência nos levem além da nossa memória e dos nossos sentidos e nos assegurem de questões de facto que aconteceram nos lugares mais distantes e nas eras mais remotas, deve, apesar de tudo, estar sempre presente aos sentidos ou à memória algum facto a partir do qual possamos primeiro prosseguir e tirar essas conclusões. Um homem que encontrasse num país deserto as ruínas de edifícios imponentes concluiria que o país tinha, em tempos antigos, sido cultivado por habitantes civilizados; mas, se nada desta natureza lhe tivesse ocorrido, jamais poderia formar uma tal inferência. Aprendemos da história os acontecimentos de épocas antigas; mas, depois, devemos ler cuidadosamente os volumes em que essa instrução está contida e, por conseguinte, transportar as nossas inferências de um testemunho para outro até chegarmos às testemunhas oculares e aos espetadores dos acontecimentos. Numa palavra, se não avançássemos com base em algum facto, presente à memória ou aos sentidos, os nossos raciocínios

---

inteiramente a justeza das suas conclusões e, por conseguinte, a prudência da sua conduta. E não vale a pena dizer que, para um principiante jovem, as observações e máximas gerais não ocorrem sempre nas ocasiões convenientes nem é possível aplicá-las imediatamente com a devida calma e distinção. A verdade é que um argumentador inexperiente de nenhum modo poderia raciocinar, se fosse absolutamente inexperiente; e quando atribuímos esta característica a alguém, exprimimos isso apenas em sentido comparativo, e supomos que ele está na posse da experiência, num grau menor e mais imperfeito.

SOLUÇÃO CÉTICA DAS DÚVIDAS | 55

seriam meramente hipotéticos e, por mais que os elos particulares possam estar ligados uns aos outros, a cadeia inteira de inferências nada teria a sustentá-la, nem alguma vez poderíamos, por seu intermédio, chegar ao conhecimento de uma existência real. Se eu perguntar porque é que acreditas numa questão de facto particular, que referes, deves indicar-me alguma razão; e essa razão será um outro facto, com ele conexo. Mas, como não podes prosseguir assim *in infinitum,* tens, por fim, de desembocar em algum facto que está presente à tua memória ou aos teus sentidos ou, então, deves admitir que a tua crença *(belief)* é de todo sem fundamento.

Qual é, então, a conclusão de todo este assunto? Uma e simples, embora, há que dizer, muito afastada das comuns teorias da filosofia. Toda a crença acerca de uma questão de facto ou de uma existência real é derivada unicamente de algum objeto presente à memória ou aos sentidos e de uma conjunção habitual entre ele e algum outro objeto. Ou, por outras palavras, tendo achado, em muitos casos, que quaisquer duas espécies de objetos – chama e calor, neve e frio – estiveram sempre combinados, se a chama ou a neve se apresentarem de novo aos sentidos, a mente é levada pelo costume a esperar o calor ou o frio e a *crer* que uma tal qualidade existe e se descobrirá após uma abordagem mais direta. Esta crença é o resultado necessário de se colocar a mente em tais circunstâncias. É uma operação da alma, quando assim nos encontramos situados, tão inevitável como sentir a paixão do amor, ao recebermos benefícios, ou do ódio, quando nos defrontamos com injúrias. Todas estas operações são uma espécie de instintos naturais, que nenhum raciocínio ou processo do pensamento e do entendimento consegue originar ou impedir.

Neste momento, ser-nos-ia mais do que permitido cessar as pesquisas filosóficas. Na maior parte das questões, nunca conseguimos avançar mais um passo e, em todas as questões, devemos aqui terminar, finalmente, após as nossas muito inquietas e minuciosas indagações. Mas a nossa curiosidade será ainda desculpável, e talvez digna de louvor, se ela nos induzir a investigações ainda mais avançadas e nos levar a examinar com maior rigor a natureza desta *crença (belief)* e da *conjunção habitual (customary conjunction)* de onde ela é derivada. Deste modo, podemos encontrar algumas explicações e analogias que proporcionarão satisfação, pelo menos aos que gostam das ciências abstratas, e podem entreter-se com especulações, as quais, por muito rigorosas que sejam, podem ainda conservar um grau de dúvida e de incerteza. Quanto aos leitores de gosto diferente, a parte restante desta secção não é para eles adaptada, e as indagações seguintes podem certamente ser compreendidas, embora não se lhes preste atenção.

Parte II

39   Nada é mais livre do que a imaginação *(imagination)* do homem e, se bem que ela não possa exceder o armazenamento original de ideias fornecidas pelos sentidos internos e externos, tem um poder ilimitado de combinar, misturar, separar e dividir essas ideias, em todas as variedades de ficção e de visão. Pode simular uma série de eventos, com toda a aparência de realidade, atribuir-lhes um tempo e um espaço particulares, concebê-los como existentes e pintá-los para si com todas as circunstâncias que pertencem a qualquer facto histórico, em que ela acredita com a maior certeza. Onde consiste, pois, a diferença entre uma tal ficção e a crença? Não reside simplesmente em alguma ideia particular, que está anexa a uma tal conceção que controla o nosso assentimento e falta a toda a ficção conhecida. Visto que a mente tem autoridade sobre todas as suas ideias, poderia voluntariamente anexar esta ideia particular a qualquer ficção e conseguir, por conseguinte, crer o que quer que lhe agrade, contrariamente ao que descobrimos pela experiência diária. Podemos, na nossa conceção, juntar a cabeça de um homem ao corpo de um cavalo, mas não está em nosso poder acreditar que um tal animal alguma vez tenha realmente existido.

Segue-se, pois, que a diferença entre *ficção (fiction)* e *crença (belief)* reside em algum sentimento *(sentiment)* ou sensação

SOLUÇÃO CÉTICA DAS DÚVIDAS | 57

(feeling) que está anexa à última, não à primeira, e que não depende da vontade *(will)* nem pode ser comandada a nosso bel-prazer. Deve ser excitada pela natureza, como todos os outros sentimentos, e deve surgir da situação particular em que a mente é colocada numa conjuntura particular. Sempre que um objeto é apresentado à memória ou aos sentidos, ele imediatamente, pela força do costume, leva a imaginação a conceber o objeto que habitualmente lhe está associado; e esta conceção é aguardada com uma sensação *(feeling)* ou sentimento *(sentiment)*, diferente dos devaneios *(reveries)* vagos da fantasia *(fancy)*. Nisto consiste toda a natureza da crença. Uma vez que não existe nenhuma questão de facto *(matter of fact)* que não cremos com tanta firmeza que não possamos conceber o contrário, não haveria diferença entre a conceção a que se dá o assentimento e aquela que é rejeitada, se não fosse por algum sentimento que distingue uma da outra. Se eu vir uma bola de bilhar movendo-se em direção a outra, numa mesa lisa, posso facilmente conceber que ela vai parar após o contacto. Esta conceção não implica contradição alguma, mas parece ainda muito diferente da conceção pela qual eu me represento o impulso e a comunicação do movimento de uma bola à outra.

Se tentássemos uma *definição* deste sentimento, descobriríamos talvez que é uma tarefa muito árdua, se não impossível, **40** tal como se nos esforçássemos por definir a sensação de frio ou a paixão da cólera a uma criatura que jamais teve qualquer experiência destes sentimentos. Crença é o nome verdadeiro e adequado deste sentimento *(feeling)*; e ninguém está alguma vez sem conhecer o significado deste termo, porque todos os homens estão a cada momento conscientes do sentimento por ele representado. Contudo, talvez não seja inconveniente tentar uma *descrição* deste sentimento *(sentiment)*; podemos assim esperar obter algumas analogias que dele nos permitam proporcionar uma mais perfeita explicação. Digo, pois, que a crença *(belief)* nada mais é do que a conceção de um objeto mais viva, intensa, forte, firme e estável do que aquilo que a imaginação *(imagination)* por si só é alguma vez capaz de obter. Esta variedade de termos, que podem parecer tão afilosóficos, visa unicamente expressar aquele ato da mente que nos torna as realidades, ou o que por tal é tomado, mais presentes do que as ficções, faz com que elas pesem mais no pensamento e dá-lhes uma influência superior sobre as paixões e a imaginação. Contanto que acordemos acerca da coisa, é desnecessário disputar a propósito dos termos. A imaginação tem o domínio sobre todas as ideias e pode juntá-las, misturá-las e modificá-las, de todas as maneiras possíveis. Pode conceber objetos fictícios com todas as circunstâncias de lugar e tempo. Pode, de certo modo, pô-los diante dos nossos olhos, nas suas verdadeiras cores, precisamente como poderiam ter existido. Mas, visto que é impossível que a faculdade da imaginação possa alguma vez, por si mesma, atingir a crença, é evidente que a crença *(belief)* não consiste na natureza ou ordem peculiar das ideias, mas na *maneira* da sua conceção e no seu *sentimento (feeling)* para a mente. Admito que é impossível explanar perfeitamente este sentimento ou modo de conceção. Podemos usar palavras que exprimam algo que dele se aproxime. Mas o seu nome verdadeiro e adequado, como antes observámos, é *crença (belief)*, que é um termo que todos entendem suficientemente na vida comum. E, na filosofia, não podemos ir mais longe do que asserir que a *crença* é algo sentido pela mente, que distingue as ideias do juízo das ficções da imaginação. Dá-lhes mais peso e influência; fá-las aparecer com maior importância; reforça-as na mente; e faz delas o princípio diretivo das nossas ações. Estou a ouvir agora, por exemplo, a voz de uma pessoa, que conheço bem, e o som vem da sala contígua. Esta impressão dos meus sentidos conduz imediatamente o meu pensamento à pessoa, juntamente com todos os objetos circundantes. Pinto-os para mim próprio como existindo presentemente com as mesmas qualidades e relações, as quais eu sabia antes que eles possuíam. Essas ideias apossam-se mais firmemente da minha mente do que as ideias de um castelo encantado. São muito diferentes para o sentimento *(feeling)* e têm uma influência muito maior de qualquer espécie, para dar prazer ou dor, alegria ou tristeza.

Restrinjamos, pois, o âmbito global desta doutrina e admitamos que o sentimento de crença *(the sentiment of belief)* nada é a

SOLUÇÃO CÉTICA DAS DÚVIDAS | 59

não ser uma conceção mais intensa e estável do que aquilo que concerne às meras ficções da imaginação, e que este *modo* de conceção promana de uma conjunção habitual do objeto com algo presente à memória ou aos sentidos: julgo que não será difícil, com base nestas suposições, encontrar outras operações da mente a ela análogas e fazer remontar estes fenómenos a princípios ainda mais gerais.

Observámos já que a natureza estabeleceu conexões entre as **41** ideias particulares e que, logo que uma ideia ocorre aos nossos pensamentos, ela introduz o seu correlativo e para ele impele a nossa atenção, por um movimento brando e impercetível. Reduzimos a três estes princípios de conexão ou associação, a saber, *Semelhança, Contiguidade e Causação (resemblance, contiguity and causation);* são os únicos laços que unem os nossos pensamentos e geram o encadeamento regular da reflexão ou discurso que, em maior ou menor grau, tem lugar em toda a humanidade. Ora, levanta-se aqui uma questão, da qual dependerá a solução da presente dificuldade. Sucederá que, em todas estas relações, quando um dos objetos é apresentado aos sentidos ou à memória, a mente não só é levada à conceção do correlativo, mas dele avança uma conceção mais estável e mais forte do que aquilo que ela teria conseguido obter de outro modo? Assim parece acontecer com a crença que deriva da relação de causa e efeito. E se o mesmo sucede com as outras relações ou princípios de associações, isso pode estabelecer-se como uma lei geral, que tem lugar em todas as operações da mente.

Podemos, pois, notar, como primeiro experimento para o nosso objetivo presente, que, após o aparecimento do retrato de um amigo ausente, a nossa ideia dele é evidentemente avivada pela *semelhança,* e que toda a paixão, que tal ideia ocasiona, quer de alegria ou de tristeza, adquire nova força e vigor. Para a produção deste efeito, concorrem uma relação e uma impressão presente. Onde o retrato não possui semelhança com ele, pelo menos não foi para ele tencionado, nunca para ele impele tanto o nosso pensamento; e onde ele está ausente, bem como a pessoa, embora a mente possa transitar do pensamento de um para o da outra, sente a sua ideia mais enfraquecida do que avivada por essa transição. Sentimos prazer ao ver o retrato de um amigo, quando ele é posto diante de nós; mas, ao ser afastado, optamos antes por considerá-lo diretamente do que por reflexão numa imagem, que é igualmente distante e obscura.

Os rituais da religião católica romana podem considerar-se como casos da mesma natureza. Os devotos desta superstição pretextam desculpas pelas suas cerimónias ridículas, em virtude das quais eles são exprobrados, afirmando que sentem o bom efeito dos gestos externos, das posturas e ações, em avivar a sua devoção e em estimular o seu fervor que, de outro modo, diminuiriam, se se dirigissem inteiramente para objetos distantes e imateriais. Representamos obscuramente os objetos da nossa fé, dizem eles, em tipos e imagens sensíveis e tornamo-los mais presentes a nós pela presença imediata desses tipos do que nos é possível fazê-lo unicamente mediante uma visão e contemplação intelectual. Os objetos sensíveis têm sempre uma influência maior sobre a fantasia do que quaisquer outros e eles depressa orientam esta influência para as ideias com que se relacionam e a que se assemelham. Inferirei apenas destas práticas e deste raciocínio que o efeito da semelhança em avivar as ideias é muito comum; e como em cada caso devem concorrer uma semelhança e uma impressão presente, estamos abundantemente fornecidos de experimentos para provar a realidade do princípio precedente.

42 Podemos reforçar esses experimentos com outros de uma espécie diferente, mediante a consideração dos efeitos de *contiguidade* e de *semelhança*. É certo que a distância diminui a força de cada ideia e que, após a nossa abordagem de qualquer objeto, embora ele não se revele aos nossos sentidos, opera sobre a mente com uma influência que imita uma impressão imediata. O pensar em qualquer objeto depressa transporta a mente para aquilo que é contíguo, mas só a presença efetiva de um objeto é que a conduz com uma vivacidade superior. Quando me encontro a algumas milhas de casa, o que quer que com ela se relacione afeta-me mais intimamente do que quando estou à distância de duzentas léguas, se bem que, mesmo a esta

SOLUÇÃO CÉTICA DAS DÚVIDAS

distância, a reflexão sobre alguma coisa perto dos meus amigos ou da família produza naturalmente uma ideia deles. Mas, como neste último caso ambos os objetos da mente são ideias, apesar de entre eles haver uma transição fácil, esta transição só por si não é capaz de dar uma vivacidade superior a qualquer das ideias, por ausência de uma impressão imediata[2].

Não há ninguém que possa duvidar de que a causação tem a **43** mesma influência que as outras duas relações de semelhança e contiguidade. As pessoas supersticiosas gostam de relíquias de santos e homens piedosos, pela mesma razão por que buscam símbolos ou imagens a fim de avivar a devoção e lhes dar uma conceção mais íntima e forte dessas vidas exemplares, que desejam imitar. Ora, é evidente que uma das melhores relíquias que um devoto poderia arranjar seria o lavor manual de um santo; e se as suas vestes e o seu mobiliário alguma vez se consideram a esta luz é porque estiveram outrora à sua disposição e por ele foram usados e utilizados; devem considerar-se sob este ponto como efeitos imperfeitos e enquanto conexos com ele por uma cadeia de consequências mais curta do que alguma daqueles pelos quais aprendemos a realidade da sua existência.

Suponhamos que o filho de um amigo, que há muito morreu ou esteve ausente, nos é apresentado; é evidente que este objeto imediatamente reanimaria a sua ideia correlativa e evocaria aos nossos pensamentos todas as intimidades e familiaridades passadas em cores mais vivas do que elas de outro modo nos teriam surgido. Eis um outro fenómeno que parece provar o princípio acima mencionado.

---

[2] «*Naturane nobis, inquit, datum dicam, an errore quodam, ut, cum ea loca videamus, in quibus memoria dignos viros acceperimus multum esse versatos, magis moveamur, quam siquando eorum ipsorum aut facta audiamus aut scriptum aliquod legamus? Velut ego nunc moveor. Venit enim mihi Plato in mentem, quem accepimus primum hic disputare solitum: cuius etiam illi hortuli propinqui non memoriam solum mihi afferunt, sed ipsum videntur in conspectu meo hic ponere. Hic Speusippus, hic Xenocrates, hic eius auditor Polemo; cuius ipsa illa sessio fuit, quam videmus. Equidem etiam curiam nostram, Hostiliam dico, non hanc novam, quae mihi minor esse videtur postquam est maior, solebam intuens, Scipionem, Catonem, Laelium, nostrum vero in primis avum cogitare. Tanta vis admonitions est in locis; ut non sine causa ex his memoriae deducta sit disciplina.*» Cicero, De Finibus, *Lib. V.*

44 Podemos observar que, nestes fenómenos, se pressupõe sempre a crença do objeto correlativo; sem ela a relação não poderia ter efeito algum. A influência do retrato supõe que nós *cremos* que o amigo existiu noutros tempos. A contiguidade da habitação nunca pode suscitar as nossas ideias de habitação a não ser que *creiamos* que ela realmente existe. Ora, eu afirmo que esta crença, onde ela vai além da memória ou dos sentidos, é de uma natureza similar e promana de causas semelhantes, com a transição do pensamento e a vivacidade do conceito aqui explicadas. Quando lanço uma acha de lenha seca para o lume, a minha mente é imediatamente levada a pensar que ela aumenta e não extingue a chama. Esta transição do pensamento da causa para o efeito não deriva da razão *(reason)*. Tira a sua origem do costume e da experiência. E como primeiramente se inicia a partir de um objeto, presente aos sentidos, ela torna a ideia ou o conceito *(conception)* de chama mais forte e vivo do que qualquer devaneio frouxo e flutuante da imaginação. Essa ideia surge de imediato. O pensamento desloca-se instantaneamente em direção a ela e transmite-lhe toda a força do conceito, que deriva da impressão presente aos sentidos. Quando uma espada é apontada ao meu peito, a ideia de ferida e dor não me assalta mais fortemente do que quando me é apresentado um copo de vinho, mesmo se por acidente essa ideia ocorresse após o aparecimento do último objeto? Mas, o que é que há em toda esta matéria que causa um conceito assim tão forte, a não ser unicamente um objeto presente e uma transição habitual para a ideia de outro objeto, que nos habituámos a associar ao primeiro? Tal é a inteira operação da mente em todas as nossas conclusões acerca da questão de facto e da existência; e constitui uma satisfação encontrar analogias mediante as quais ela se pode explicar. A transição desde um objeto presente confere em todos os casos força e solidez à ideia relacionada.

Existe aqui, pois, uma espécie de harmonia pré-estabelecida ente o curso da natureza e a sucessão das nossas ideias; e embora os poderes e as forças que governam a primeira nos sejam inteiramente desconhecidos, os nossos pensamentos e

SOLUÇÃO CÉTICA DAS DÚVIDAS | 63

conceitos têm ainda seguido, como vemos, o mesmo curso que as outras obras da natureza. O costume é o princípio pelo qual se obteve esta correspondência; e tão necessário é à subsistência da nossa espécie e à regulação da nossa conduta, em todas as circunstâncias e ocorrências da vida humana. Se a presença de um objeto não tivesse suscitado instantaneamente a ideia dos objetos comummente a ele associados, todo o nosso conhecimento se devia ter limitado à estreita esfera da memória e dos sentidos e jamais seríamos capazes de ajustar os meios aos fins ou empregar as nossas potências naturais, quer para produzir o bem ou evitar o mal. Os que se deleitam com a descoberta e a contemplação das *causas finais* têm aqui ampla matéria para ocuparem o seu espanto e admiração.

Para uma ulterior confirmação da precedente teoria, acres- **45** centarei que, visto a operação da mente pela qual inferimos efeitos similares de causas semelhantes *e vice-versa* ser tão essencial à subsistência de todas as criaturas humanas, não é provável que se pudesse confiar nas deduções enganadoras da nossa razão, a qual é lenta nas suas operações; não aparece, seja em que grau for, durante os primeiros anos da infância e, no melhor dos casos, em cada idade e período da vida humana, é extremamente propensa ao erro e ao desacerto. É mais conforme com a sabedoria ordinária da natureza garantir um ato tão necessário da mente por algum instinto ou tendência mecânica, que pode ser infalível nas suas operações, pode revelar-se no primeiro aparecimento da vida e do pensamento e pode ser independente de todas as laboriosas deduções do entendimento. Assim como a natureza nos ensinou o uso dos membros sem nos dar o conhecimento dos músculos e dos nervos pelos quais eles são atuados, do mesmo modo implantou em nós um instinto *(instinct)* que impele o pensamento numa marcha correspondente à que ela estabeleceu entre os objetos externos, embora ignoremos os poderes e as forças de que dependem totalmente o curso e a sucessão regulares dos objetos.

Secção VI

Da probabilidade([1])

Embora não exista no mundo uma coisa como o *acaso* **46**
(chance), a nossa ignorância da causa real de qualquer evento
tem a mesma influência sobre o entendimento e gera uma simi-
lar espécie de crença ou opinião. Há certamente uma probabilidade que brota da superioridade das contingências *(chances)* de um lado e, consoante esta
superioridade aumenta e ultrapassa as possibilidades *(chances)*
contrárias, a probabilidade recebe um aumento proporcional
e produz ainda um mais elevado grau de crença ou de assentimento a esse lado em que descobrimos a superioridade. Se um
dado for marcado com um número de pontos em quatro faces
e com outro número de pontos nas duas faces restantes, será
mais provável que apareçam as primeiras do que as últimas,
embora, se ele tivesse mil faces assinaladas da mesma maneira
e apenas uma face diferente, a probabilidade seria muito maior
e a nossa crença ou expectação do evento mais firme e segura.
Este processo do pensamento ou raciocínio pode parecer trivial e manifesto, mas àqueles que o considerem mais minucio-

---

([1]) O Sr. Locke divide todos os argumentos em demonstrativos e prováveis. Devemos afirmar que, nesta maneira de ver, é apenas provável que todos
os homens têm de morrer ou que o sol se levantará amanhã. Mas, para ade-
quarmos a nossa linguagem mais ao uso comum, deveríamos dividir os argumentos em *demonstrações, provas e probabilidades*. Por provas *(proofs)*, entendemos
os argumentos derivados da experiência que não deixam lugar à dúvida ou à
oposição.

samente talvez lhes possa proporcionar matéria para curiosa especulação.

Parece evidente que, ao esperar descobrir o evento que pode resultar do lançamento de semelhante dado, a mente considera o aparecimento de cada face particular como igualmente provável; e esta é a verdadeira natureza do acaso: tornar todos os eventos particulares, nele compreendidos, inteiramente iguais. Mas, ao encontrar um número de faces maior num evento do que noutro, a mente é impelida mais frequentemente para esse evento, enfrenta-o mais vezes, ao ponderar as várias possibilidades ou contingências, de que o último resultado depende. Esta concorrência de vários aspetos num único evento particular gera imediatamente, mediante um artifício inexplicável da natureza, o sentimento de crença e concede a esse evento a vantagem sobre o seu contrário, que é apoiado por um número menor de aspetos e com menor frequência recorre à mente. Se admitirmos que a crença *(belief)* é unicamente o conceito *(conception)* de um objeto, mais firme e mais forte do que o respeitante às meras ficções da imaginação, talvez a operação se possa em alguma medida considerar explicada. A concorrência destes vários aspetos ou vislumbres imprime mais fortemente a ideia da imaginação, dá-lhe uma força e um vigor superiores, torna mais sensível a sua influência sobre as paixões e emoções *(affections)*; e, numa palavra, suscita a confiança ou a segurança, que constitui a natureza da crença e da opinião.

47 Acontece com a probabilidade das causas o mesmo que com a do acaso. Há algumas causas que são inteiramente uniformes e constantes ao produzir um efeito particular, e ainda não se encontrou caso algum de qualquer falta ou irregularidade na sua operação. Sempre o fogo queimou e a água asfixiou toda a criatura humana; a produção do movimento por impulso e gravidade é uma lei universal que, até agora, não admitiu exceção. Mas há outras causas que se revelaram mais irregulares e incertas; o ruibarbo nem sempre mostrou ser um purgante ou o ópio um soporífico para todos os que tomaram estes medicamentos. Sem dúvida, quando alguma causa falha na produção do seu efeito usual, os filósofos não atribuem isso a qualquer irregula-

DA PROBABILIDADE 67

ridade na natureza; mas suponhamos que algumas causas secretas, na estrutura particular das partes, impediram a operação. No entanto, os nossos raciocínios e conclusões acerca do evento são os mesmos de como se tal princípio não tivesse lugar. Visto que somos determinados pelo costume a transferir o passado para o futuro em todas as nossas inferências, onde o passado tem sido inteiramente regular e uniforme aguardamos o evento com a maior firmeza e não deixamos espaço para qualquer suposição contrária. Mas onde se descobriu que efeitos diferentes derivam de causas que são, segundo a *aparência,* exatamente similares, todos esses vários efeitos devem ocorrer à mente na transferência do passado para o futuro e fazer parte da nossa consideração, ao determinarmos a probabilidade do evento. Embora dêmos a preferência ao que se revelou mais usual e acreditemos que esse efeito virá a existir, não devemos passar por alto os outros efeitos, mas, sim, atribuir a cada um deles um peso e uma autoridade particulares, em proporção com a sua maior ou menor frequência por nós descoberta. Em quase todos os países da Europa, é mais provável que em janeiro haja por vezes geada do que o tempo vá continuar limpo durante esse mês inteiro, se bem que tal probabilidade varie de acordo com os diferentes climas e se aproxime da certeza nos reinos mais ao norte. Parece, pois, aqui, evidente que, ao trasladarmos o passado para futuro, a fim de determinar o efeito que resultará de alguma causa, transferimos todos os diferentes eventos na mesma proporção com que surgiram no passado, e compreendemos que um, por exemplo, existiu cem vezes, outro dez, e um outro uma só vez. Visto que num só evento ocorre um grande número de aspetos, eles fortificam e confirmam-no à imaginação, suscitam aquele sentimento *(sentiment)* que chamamos *crença* e concedem ao seu objeto a preferência sobre o evento contrário, que não é apoiado por um número idêntico de experimentos e não recorre com tanta frequência ao pensamento, ao transferir-se o passado para o futuro. Que alguém tente explicar esta operação da mente com base em qualquer dos sistemas de filosofia estabelecidos e terá consciência da dificuldade! Pelo que me cabe, acho que será suficiente se as sugestões presentes despertarem a curiosidade dos filósofos e os tornarem conscientes de como são deficientes todas as teorias comuns no tratamento de assuntos tão curiosos e sublimes.

Secção VII

Da ideia de conexão necessária

Parte I

A grande vantagem das ciências matemáticas sobre as 48 morais consiste no facto de que as ideias das primeiras, sendo sensíveis, são sempre claras e determinadas, a mais pequena distinção entre elas é imediatamente percetível e os mesmos termos exprimem ainda as mesmas ideias, sem ambiguidade ou variação. Uma oval nunca se confunde com um círculo, nem uma hipérbole com uma elipse. O triângulo isósceles e o escaleno distinguem-se por limites mais exatos do que o vício e a virtude, o correto e o errado. Em geometria, se um termo estiver definido, a mente prontamente, por si mesma, em todas as ocasiões, substitui a definição pelo termo definido ou, mesmo quando nenhuma definição se emprega, o objeto pode apresentar-se por si mesmo aos sentidos e assim ser apreendido de maneira constante e clara. Mas os mais finos sentimentos da mente, as operações do entendimento, as várias agitações das paixões, embora em si mesmas realmente distintas, com facilidade nos escapam, quando inspecionadas pela reflexão, nem está em nosso poder evocar o objeto original, como muitas vezes tivemos ocasião de o contemplar. A ambiguidade introduz-se assim gradualmente nos nossos raciocínios: objetos semelhantes depressa se tornam como idênticos e a conclusão vai, finalmente, muito além das premissas.

No entanto, pode afirmar-se que, se considerarmos estas ciências a uma luz adequada, as suas vantagens e desvantagens quase se compensam entre si e se reduzem a um estado de igualdade. Se a mente retém com maior facilidade as ideias da geometria claras e determinadas, deve prosseguir numa mais longa e mais intricada cadeia de raciocínio e comparar ideias mais afastadas umas das outras, a fim de atingir as mais abstrusas verdades desta ciência. E se as ideias morais, sem cuidado extremo, se prestam a cair na obscuridade e na confusão, as inferências são sempre muito mais curtas nestas disquisições, e os passos intermédios, que levam à conclusão, muitos menos do que nas ciências que tratam da quantidade e do número. Na realidade, dificilmente existe em Euclides uma proposição tão simples que não comporte mais partes do que as que são de encontrar em qualquer raciocínio moral que não caia na quimera e na presunção. Onde investigamos os princípios da mente humana através de alguns passos, podemos sentir-nos muito satisfeitos com o nosso progresso, se pensarmos quão depressa a natureza levanta um obstáculo a todas as nossas inquirições acerca de causas e nos reduz ao reconhecimento da nossa ignorância. Por conseguinte, o principal obstáculo ao nosso aproveitamento nas ciências morais ou metafísicas é a obscuridade das ideias e a ambiguidade dos termos. A principal dificuldade nas matemáticas é a extensão das inferências e o alcance do pensamento requeridos para a formação de qualquer conclusão. E, possivelmente, o nosso progresso na filosofia natural é sobretudo retardado pela carência de experimentos e fenómenos adequados, que são muitas vezes descobertos por acaso e nem sempre se podem encontrar, quando necessários, mesmo através da mais diligente e prudente investigação. Visto que a filosofia moral parece, até agora, ter tido menos aproveitamento do que a geometria ou a física, podemos concluir que, se houver alguma diferença a este respeito entre estas ciências, as dificuldades que obstruem o progresso da primeira exigem um cuidado e uma capacidade superiores para serem superadas.

DA IDEIA DE CONEXÃO NECESSÁRIA | 71

Das ideias que ocorrem na metafísica não as há mais obscu- **49**
ras e incertas do que as de *poder, força, energia* ou *conexão neces-*
sária, das quais nos é indispensável tratar em cada momento,
em todas as nossas disquisições. Por conseguinte, esforçar-nos-
-emos, nesta secção, por fixar, se possível, o significado preciso
destes termos e remover, desse modo, parte da obscuridade que
tão lamentada é neste tipo de filosofia.

Parece uma proposição não suscetível de muita discussão
que todas as ideias são apenas cópias das nossas impressões
ou, por outras palavras, que nos é impossível *pensar* qualquer
coisa que previamente não tenhamos *sentido,* quer pelos nossos sentidos externos ou internos. Esforcei-me([1]) por explicar
e demonstrar esta proposição e expressei a esperança de que,
mediante uma conveniente aplicação dela, os homens possam
alcançar uma maior claridade e precisão nos raciocínios filosóficos do que a que, até agora, conseguiram obter. As ideias complexas podem, talvez, ser bem conhecidas por definição, a qual
nada mais é do que uma enumeração das partes ou ideias simples que as compõem. Mas, quando se levam as definições até às
ideias mais simples e se nos depara ainda alguma ambiguidade
e obscuridade, de que recurso dispomos então? Mediante que
invenção podemos nós lançar luz sobre estas ideias e torná-las
mais precisas e determinadas para a nossa visão intelectual?
Produzir as impressões ou sentimentos originais, de que as
ideias são copiadas. Estas impressões são todas fortes e sensíveis.
Não admitem ambiguidade. Não só elas próprias se encontram
situadas numa luz plena, mas podem elucidar as suas ideias correspondentes, que jazem na obscuridade. E talvez assim possamos obter um novo microscópio ou uma espécie de ótica pela
qual, nas ciências morais, as ideias mínimas e mais simples se
possam alargar ao ponto de prontamente caírem no âmbito da
nossa apreensão e serem igualmente conhecidas com as ideias
mais vulgares e mais sensíveis que podem constituir o objeto
da nossa investigação.

([1]) Secção II.

50   A fim de plenamente nos familiarizarmos, pois, com a ideia de poder ou conexão necessária, examinemos a sua impressão; e de modo a encontrar a impressão com maior certeza, procuremo-la em todas as fontes de onde possivelmente se pode derivar.

Ao olharmos, à nossa volta, para os objetos externos e ao considerarmos a operação das causas, nunca conseguimos, num único caso, descobrir qualquer poder ou conexão necessária e qualquer qualidade que liga o efeito à causa e transforma um em consequência infalível da outra. Descobrimos apenas que um, de facto, se segue realmente à outra. O impulso de uma bola de bilhar é esperado com movimento na segunda. Eis tudo o que aparece aos sentidos *externos*. A mente não experimenta nenhum sentimento ou impressão *interna* a partir desta sucessão de objetos; consequentemente, não existe, em qualquer caso singular e particular de causa e efeito, coisa alguma que possa sugerir a ideia de poder *(power)* ou conexão necessária.

A partir do primeiro aparecimento de um objeto, nunca podemos conjeturar que efeito dele irá resultar. Mas, se o poder ou a energia de qualquer causa fosse detetável pela mente, poderíamos prever o efeito, mesmo sem experiência, e conseguiríamos logo pronunciar-nos com certeza a respeito dele, por simples força do pensamento e do raciocínio.

Na realidade, não existe parte da matéria que alguma vez, mediante as suas qualidades sensíveis, faça descobrir qualquer poder ou energia, ou fornecer-nos uma base para imaginar que ela poderia produzir alguma coisa, ou ser seguida por qualquer outro objeto, que poderíamos denominar seu efeito. A solidez, a extensão, o movimento, estas qualidades são todas completas em si mesmas e nunca assinalam qualquer outro evento que delas possa derivar. As vistas do universo estão continuamente a mudar e um objeto segue outro numa sucessão ininterrupta, mas o poder da força que põe em movimento a máquina inteira está-nos inteiramente oculto e jamais se descobre a si mesmo em qualquer das qualidades sensíveis do corpo. Sabemos que, de facto, o calor é um concomitante permanente da chama, mas acerca do que seja a conexão entre eles nada mais con-

DA IDEIA DE CONEXÃO NECESSÁRIA | 73

seguimos do que conjeturar ou imaginar. Por conseguinte, é impossível que a ideia de poder *(power)* provenha da contemplação dos corpos, em casos singulares da sua operação, porque nunca corpos nenhuns descobrem poder algum que possa constituir o original desta ideia[2].

Por consequência, uma vez que os objetos exteriores, tal **51** como aparecem aos sentidos, não nos fornecem nenhuma ideia do poder ou conexão necessária, pela sua operação em casos particulares, vejamos se esta ideia deriva da reflexão sobre as operações das nossas próprias mentes e é copiada de qualquer impressão interna. Pode dizer-se que a todo o momento somos conscientes do poder interno, embora sintamos que, pela simples ordem da nossa vontade, podemos mover os órgãos do nosso corpo ou dirigir as faculdades da nossa mente. Um ato de volição produz o movimento nos nossos membros ou suscita uma nova ideia na nossa imaginação. Conhecemos esta influência da vontade pela consciência *(counsciousness)*. Adquirimos por isso a ideia de poder ou energia e estamos certos de que nós próprios e todos os outros seres inteligentes estão na posse de tal poder. Esta ideia é, pois, uma ideia de reflexão *(idea of reflection)*, visto que provém do refletir sobre as operações da nossa própria mente e acerca do domínio que é exercido pela vontade *(will)* sobre os órgãos do corpo e as faculdades da alma.

Iremos examinar esta pretensão e, em primeiro lugar, rela- **52** tivamente à influência da volição sobre os órgãos do corpo. Tal influência, seja-nos permitido observar, é um facto que, como todos os outros eventos naturais, só pode conhecer-se pela experiência e nunca pode ser previsto a partir de qualquer aparente energia ou poder na causa que a conecta com o efeito e torna uma consequência infalível da outra. O movimento do nosso corpo segue-se à ordem da nossa vontade. Estamos disso

---

[2] O Sr. Locke, no capítulo sobre o poder, diz que, ao descobrirmos pela experiência que há produções novas e diversas na natureza e ao concluirmos que deve haver algures um poder capaz de as suscitar, chegamos finalmente, mediante esse raciocínio, à ideia de poder. Mas nenhum raciocínio nos pode alguma vez dar uma ideia nova, original, simples, como esse próprio filósofo confessa. Por conseguinte, jamais pode ser a origem de tal ideia.

74 | INVESTIGAÇÃO SOBRE O ENTENDIMENTO HUMANO

conscientes a todo o momento. Mas o meio para tal se efetuar, a energia pela qual a vontade leva a cabo uma tão extraordinária operação, estamos tão longe de deles sermos imediatamente conscientes que devem para sempre furtar-se à nossa inquirição mais diligente.

Porque, *em primeiro lugar:* existe, em toda a natureza, algum princípio mais misterioso do que a união da alma com o corpo, mediante a qual uma substância supostamente espiritual adquire uma tal influência sobre uma [substância] material, que o mais refinado pensamento é capaz de animar a mais grosseira matéria? Se nos fosse concedido, por um secreto desejo, remover montanhas ou controlar os planetas na sua órbita, esta autoridade ampla não seria mais extraordinária nem estaria mais além da nossa compreensão. Mas, se pela consciência percebermos qualquer poder ou energia na vontade, devemos conhecer tal poder; devemos conhecer a sua conexão com o efeito; devemos conhecer a secreta união da alma e do corpo e a natureza de ambas as substâncias, mediante a qual uma é capaz de agir, em tantos casos, sobre a outra.

Em segundo lugar, não somos capazes de mover todos os órgãos do corpo com uma semelhante autoridade, embora não possamos indicar qualquer razão além da experiência para uma diferença tão notável entre um e outro. Porque é que a vontade tem influência sobre a língua e os dedos, e não sobre o coração ou o fígado? Esta questão jamais nos embaraçaria se estivéssemos conscientes de um poder no primeiro caso, e não no último. Perceberíamos então, independentemente da experiência, porque é que a autoridade da vontade sobre os órgãos do corpo está circunscrita dentro de limites tão particulares. Estando neste caso plenamente familiarizados com o poder ou força por cujo intermédio ele opera, conheceríamos também porque é que a sua influência chega precisamente a tais fronteiras, e não mais além.

Um homem, subitamente atacado de paralisia na perna ou no braço, ou que recentemente perdeu esses membros, esforça-se com frequência, a princípio, por os mover e utilizar nas suas funções habituais. Ele é aqui tão consciente do poder de

DA IDEIA DE CONEXÃO NECESSÁRIA | 75

imperar em tais membros como um homem de saúde perfeita é consciente do poder de mover qualquer membro que permanece no seu estado e condição naturais. Mas a consciência nunca engana. Consequentemente, nem num nem noutro caso somos alguma vez conscientes de qualquer poder. Aprendemos a influência da nossa vontade unicamente a partir da experiência. E só a experiência nos ensina como é que um evento segue constantemente outro, sem nos instruir acerca da secreta conexão que os liga entre si e os torna inseparáveis.

Em terceiro lugar, sabemos pela anatomia que o objeto imediato do poder no movimento voluntário não é o próprio membro que é movido, mas certos músculos, nervos e espíritos animais e, talvez, algo ainda de mais diminuto e mais incógnito, mediante o qual o movimento é sucessivamente propagado, antes de alcançar o membro cujo movimento é o objeto imediato da volição. Pode haver uma prova mais certa de que o poder pelo qual toda esta operação é realizada, muito longe de ser direta e plenamente conhecido por um sentimento interno ou consciência, é misterioso e ininteligível até ao extremo? A mente deseja aqui um certo evento: sem demora produz-se um outro evento, de nós desconhecido, e totalmente diverso do tencionado; este evento origina outro, igualmente desconhecido, até que finalmente, mediante uma longa sucessão, é produzido o evento desejado. Mas, se o poder original se sentisse, devia ser conhecido; se fosse conhecido, também o seu efeito se devia conhecer, visto que todo o poder é relativo ao seu efeito. E *vice-versa,* se o efeito não se conhecer, também o poder não pode ser conhecido ou sentido. Efetivamente, como é que podemos ser conscientes de um poder para mover os nossos membros, quando não possuímos semelhante poder, mas apenas o de mover certos espíritos animais que, embora eles produzam por fim o movimento dos nossos membros, operam no entanto de um modo tal que está inteiramente para além da nossa compreensão?

Podemos, pois, concluir do conjunto, espero, sem qualquer temeridade, embora com segurança, que a nossa ideia de poder não é copiada de algum sentimento ou consciência do poder

76 | INVESTIGAÇÃO SOBRE O ENTENDIMENTO HUMANO

dentro de nós, quando suscitamos um movimento animal ou aplicamos os nossos membros ao seu peculiar uso e função. Que o seu movimento segue a ordem da vontade é um facto da experiência comum, como os outros eventos naturais; mas o poder ou a energia pela qual isso se efetua, como o [que existe] nos outros eventos naturais, é incógnito e inconcebível([3]).

53 Havemos então de afirmar que somos conscientes de um poder ou energia nas nossas mentes quando, por um ato ou uma ordem da vontade, suscitamos uma nova ideia, fixamos a mente na contemplação dela, a reviramos por todos lados e, por fim, a abandonamos por alguma outra ideia, ao pensarmos que a examinámos com exatidão suficiente? Creio que os mesmos argumentos demonstrarão que até essa ordem da vontade não nos dará uma ideia real de força ou energia.

Em primeiro lugar, deve admitir-se que, quando conhecemos um poder, conhecemos a verdadeira circunstância na causa pela qual é capaz de produzir o efeito: são, por suposição, sinónimos. Devemos, por conseguinte, conhecer a causa e o efeito e a relação entre eles. Mas pretendemos nós estar familiarizados com a natureza da alma humana e a natureza de uma ideia, ou a aptidão de uma para produzir a outra? É esta uma verdadeira criação, uma produção de algo a partir do nada – o que

---

([3]) Pode alegar-se que a resistência por nós encontrada nos corpos, obrigando-nos frequentemente a empregar a nossa força e a apelar para todo o nosso poder, nos fornece a ideia de força e de poder. É este *nisus,* ou esforço resoluto, de que temos consciência, que constitui a impressão original de que é copiada essa ideia. Mas, *em primeiro lugar,* atribuímos poder a um vasto número de objetos, onde jamais podemos supor que tem lugar essa resistência ou esse uso da força: ao Ser Supremo, que nunca defronta qualquer resistência; à mente no seu domínio sobre as suas ideias e membros, no pensamento e movimento comuns, onde o efeito se segue imediatamente à vontade, sem qualquer emprego ou recurso à força; à matéria inanimada, que não é capaz deste sentimento. *Em segundo lugar,* o sentimento de um esforço para vencer a resistência não tem nenhuma conexão conhecida com qualquer evento: sabemos por experiência o que se lhe segue, mas não poderíamos sabê-lo *a priori.* Deve, pois, admitir-se que o *nisus* animal, por nós experienciado, embora não possa proporcionar nenhuma ideia precisa e exata de poder, é parte integrante da ideia vulgar, inexata, que dele se faz.

implica um poder tão grande que parece estar, à primeira vista, para além do alcance de qualquer ser, a não ser infinito. Pelo menos, deve reconhecer-se que um tal poder não é sentido, nem conhecido, nem mesmo concebível pela mente. Sentimos unicamente o evento, isto é, a existência de uma ideia, consequentemente à ordem da vontade, mas a maneira como essa operação é levada a cabo, o poder pelo qual é produzida, está inteiramente para além da nossa compreensão.

Em segundo lugar, o domínio da mente sobre si mesma é limitado, bem como o seu domínio sobre o corpo, e estes limites não são conhecidos pela razão ou por qualquer conhecimento da natureza da causa e do efeito, mas apenas pela experiência e observação, como em todos os outros eventos naturais e na ação dos objetos externos. A nossa autoridade sobre os nossos sentimentos e paixões é muito mais fraca do que a que temos sobre as nossas ideias, e mesmo esta última autoridade está circunscrita dentro de limites muito estreitos. Pretenderá alguém indicar a razão última destes limites ou mostrar porque é que o poder é incompleto num caso e não no outro?

Em terceiro lugar, este autodomínio é muito diferente em diferentes ocasiões. Um homem com saúde detém mais a sua posse do que um enfraquecido pela doença. Somos mais senhores dos nossos pensamentos de manhã do que à noite; mais no jejum do que após uma lauta refeição. Podemos dar alguma razão para estas variações, exceto a experiência? Onde está, pois, o poder de que pretendemos ser conscientes? Não existe aqui, quer numa substância espiritual ou material, ou em ambas, algum secreto mecanismo ou estrutura de partes, de que depende o efeito e que, sendo para nós inteiramente desconhecido, torna o poder ou a energia da vontade igualmente incógnito e incompreensível?

A volição é, sem dúvida, um ato da mente, com o qual estamos suficientemente familiarizados. Reflitam sobre ela. Examinem-na de todos os lados. Descobrem nela algo de semelhante ao poder criativo, pelo qual suscita do nada uma nova ideia e, com uma espécie de *Fiat*, imita a omnipotência do seu Criador, se assim me é permitido falar, que chamou à existência todos

78 | INVESTIGAÇÃO SOBRE O ENTENDIMENTO HUMANO

os vários espetáculos da natureza? Longe de sermos conscientes desta energia na vontade, ela exige uma experiência tão certa como a que possuímos, para nos convencer de que tais efeitos extraordinários derivam sempre de um simples ato de volição.

54 A generalidade dos homens nunca encontra qualquer dificuldade em explicar as operações mais comuns e familiares da natureza – tais como a descida dos corpos pesados, o crescimento das plantas, a geração dos animais ou o sustento dos corpos pelo alimento; suponham, porém, que, em todos estes casos, eles perecionam a verdadeira força ou energia da causa, pela qual ela está unida ao efeito e é para sempre infalível na sua operação. Adquirem, mediante um longo hábito, um tal giro de mente que, com o aparecimento da causa, imediatamente aguardam com firmeza o seu concomitante usual e dificilmente pensam na possibilidade de que qualquer outro efeito possa dela resultar. Só na revelação de fenómenos extraordinários, como terramotos, pestilência e prodígios de qualquer espécie, é que se sentem atrapalhados para indicar uma causa adequada e explicar a maneira como o efeito é por ela produzido. Em tais dificuldades, os homens costumam recorrer a algum princípio inteligente(*) invisível como causa imediata do evento que os surpreende e que, pensam eles, não pode explanar-se a partir dos poderes comuns da natureza. Mas os filósofos, que levam o seu escrutínio um pouco mais além, percebem imediatamente que, mesmo nos eventos mais familiares, a energia da causa é tão ininteligível como nos eventos mais invulgares e que aprendemos apenas pela experiência a frequente *conjunção* dos objetos, sem alguma vez conseguirmos compreender algo como a *conexão* entre eles.

55 Muitos filósofos(**), pois, consideram-se aqui obrigados pela razão a recorrer, em todas as ocasiões, ao mesmo princípio a

---

(*) Θεὸς ἀπὸ μηχανῆς. [*Deus ex machina*]. (*N. T.*)

(**) Hume critica aqui os ocasionalistas (Malebranche e outros) que, para resolverem as dificuldades levantadas pelo dualismo cartesiano, substituem o conceito de causa pelo de ocasião. O corpo não tem ação real sobre a alma e

DA IDEIA DE CONEXÃO NECESSÁRIA | 79

que o vulgo jamais apela, a não ser em casos que parecem miraculosos e sobrenaturais. Admitem que a mente e a inteligência são, não só a causa última e original de todas as coisas, mas a causa imediata e única de todo o evento que aparece na natureza. Alegam que os objetos, comummente designados *causas,* nada são na realidade exceto *ocasiões,* e que o princípio verdadeiro e direto de todo o efeito não é algum poder ou força na natureza, mas uma volição do Ser Supremo, o qual quer que tais objetos particulares se juntem para sempre uns aos outros. Em vez de se dizer que uma bola de bilhar move outra mediante uma força que ela derivou do autor da natureza, é a própria Divindade, dizem eles, que, por uma volição particular, move a segunda bola, sendo determinada a essa operação pelo impulso da primeira bola, em virtude das leis gerais que para si estabeleceu no governo do universo. Mas, ao levarem avante as suas inquirições, os filósofos descobrem ainda que, visto sermos totalmente ignorantes do poder de que depende a operação mútua dos corpos, não ignoramos menos o poder de que depende a ação da mente sobre a mente: nem somos capazes, quer a partir dos nossos sentidos ou da consciência, de indicar o princípio último mais num caso de que noutro. Por conseguinte, a mesma ignorância os constrange à mesma conclusão. Afirmam que a Divindade é a causa imediata da união entre a alma e o corpo e que não são os órgãos dos sentidos que, ao serem excitados pelos objetos externos, produzem na mente as sensações, mas que é uma volição particular do nosso Criador omnipotente que suscita uma tal sensação, em consequência do movimento no órgão. De modo semelhante, não é qualquer energia na vontade que produz o movimento local nos nossos membros, é o próprio Deus que se compraz em secundar a nossa vontade, em si mesma impotente, e ordenar o movimento que erroneamente atribuímos ao nosso próprio poder e eficácia. Mas os filósofos não se detêm nesta conclusão.

---

vice-versa: os efeitos que experimentamos é Deus que os produz; aí não há verdadeiras causas dos eventos, mas apenas «ocasiões» da intervenção divina. Uma reflexão semelhante se pode aplicar ao movimento dos corpos. (*N. T.*)

80 | INVESTIGAÇÃO SOBRE O ENTENDIMENTO HUMANO

Por vezes, estendem a mesma inferência à própria mente, nas suas operações internas. A nossa visão mental ou conceção de ideias não é mais do que uma revelação a nós feita pelo Criador. Quando voluntariamente viramos os nossos pensamentos para algum objeto e suscitamos a sua imagem na fantasia, não é a vontade que cria essa ideia; é o Criador universal que o desvenda à mente e no-lo torna presente.

56 Assim, segundo estes filósofos, todas as coisas estão cheias de Deus. Não satisfeitos com o princípio de que nada existe a não ser por sua vontade, de que nada possui algum poder exceto por sua concessão, despojam a natureza e todos os seres criados de todo o poder, a fim de ainda mais sensível e imediata tornarem a sua dependência relativamente à Divindade. Não consideram que, pela sua teoria, diminuem, em vez de engrandecerem, a grandeza daqueles atributos que tanto simulam celebrar. Revela, sem dúvida, mais poder na Divindade delegar um certo grau de poder às criaturas inferiores do que produzir todas as coisas mediante a sua volição imediata. Inventar primeiramente a fábrica do mundo com uma previsão perfeita que, por si mesma e por sua peculiar operação, pode servir todos os desígnios da providência, revela mais sabedoria do que se o grande Criador estivesse obrigado, em cada momento, a ajustar as suas partes e a animar pelo seu sopro todas as rodas desta estupenda máquina.

Mas, se houvermos de ter uma refutação mais filosófica desta teoria, talvez sejam suficientes as duas reflexões seguintes.

57 *Em primeiro lugar,* parece-me que a teoria de energia e operação universais do Ser Supremo é demasiado ousada para gerar a convicção num homem que avalie capazmente a fraqueza da razão humana e os apertados limites a que ela está confinada em todas as suas operações. Embora a cadeia de argumentos que a ela conduzem seja o que há de mais lógico, deve suscitar uma forte suspeita, se é que não uma absoluta certeza, de que ela nos levou muito para além do alcance das nossas faculdades, quando induz a conclusões tão extraordinárias e tão afastadas na vida e experiência comuns. Entrámos num país de fadas, muito antes de termos alcançado os últimos passos

DA IDEIA DE CONEXÃO NECESSÁRIA | 81

da nossa teoria; e *aí* não temos razão para confiar nos nossos métodos comuns de raciocínio ou para pensar que as nossas habituais analogias e probabilidades possuem alguma autoridade. A nossa linha é demasiado curta para sondar tão imensos abismos. E embora possamos lisonjear-nos de sermos guiados, em cada passo que damos, por uma espécie de verosimilitude e experiência, podemos estar certos de que essa experiência fantasista não tem autoridade quando assim a aplicamos a realidades *(subjects)* que se encontram totalmente fora da esfera da experiência. Teremos, porém, ocasião de aflorar isto, mais tarde[4].

Em segundo lugar, não consigo descobrir força alguma nos argumentos em que se funda essa teoria. Ignoramos, é verdade, a maneira como os corpos agem uns sobre os outros; a sua força ou energia é inteiramente incompreensível. Mas, não ignoramos igualmente o modo como ou a força pela qual uma mente, mesmo a mente suprema, age sobre si mesma ou sobre o corpo? Donde é que nós, suplico, obtemos dela alguma ideia? Não temos em nós mesmos nenhum sentimento ou consciência deste poder. Nenhuma ideia temos do Ser Supremo a não ser o que aprendemos da reflexão sobre as nossas próprias faculdades. Se, por conseguinte, a nossa ignorância fosse uma boa razão para rejeitarmos qualquer coisa, seríamos levados ao princípio de negar toda a energia no Ser Supremo bem como na matéria mais grosseira. Decerto, compreendemos tão pouco as operações de um como as da outra. É mais difícil pensar que o movimento pode provir do impulso do que originar-se talvez da volição? Tudo o que sabemos é a nossa profunda ignorância em ambos os casos[5].

---

[4] Secção XII.

[5] Não preciso de examinar com extensão a *vis inertiae,* de que tanto se fala na nova filosofia, e que é atribuída à matéria. Descobrimos pela experiência que um corpo em repouso ou em movimento continua para sempre no seu estado presente, até dele ser tirado por alguma causa nova; e que um corpo impelido recebe do corpo impulsionador tanto movimento como o que ele próprio adquire. São factos. Quando lhe damos o nome de *vis inertiae,* apenas assinalamos esses factos, sem pretendermos ter qualquer ideia do

Parte II

58 Mas, para apressar o termo desta discussão, que já atingiu uma extensão demasiado grande, buscámos em vão uma ideia de poder ou de conexão necessária em todas as fontes a partir das quais supusemos que ela podia derivar-se. Parece que, em casos singulares da ação dos corpos, nunca podemos, mediante o mais extremo escrutínio, descobrir alguma coisa a não ser um evento sucedendo-se a outro, sem conseguirmos compreender qualquer força ou poder pelo qual a causa atua, ou qualquer conexão entre ela e o seu suposto efeito. A mesma dificuldade ocorre ao contemplarmos as operações da mente sobre o corpo – onde observamos que o movimento do último se segue à volição da primeira, mas não conseguimos observar ou conceber o laço que liga conjuntamente o movimento e a volição, ou a energia pela qual a mente produz este efeito. A autoridade da vontade sobre as suas próprias faculdades e ideias de modo nenhum é mais compreensível: em suma, em toda a natureza, não aparece um único exemplo de conexão que por nós seja concebível. Todos os eventos parecem inteiramente soltos e separados. Um evento sucede a outro, mas jamais podemos observar entre eles qualquer vínculo. Parecem *conjuntos,* mas nunca *conexos.* E visto que não podemos ter a ideia de alguma

---

poder inerte; da mesma maneira que, ao falarmos de gravidade, indicamos certos efeitos, sem compreender esse poder ativo. O *Sr. Isaac Newton* jamais teve o propósito de despojar as causas segundas de toda a sua força ou energia, embora alguns dos seus seguidores se tenham esforçado por fundar esta teoria na sua autoridade. Pelo contrário, o grande filósofo recorreu a um fluido ativo etéreo para explicar a atração universal, embora fosse cauteloso e modesto ao ponto de admitir que se tratava de uma simples hipótese, em que não era de insistir sem mais experimentos. Devo confessar que, no destino das opiniões, há algo de minimamente extraordinário. *Descartes* insinuou a doutrina da eficácia universal e única da Divindade, sem nela insistir. *Malebranche* e outros *cartesianos* fizeram dela o fundamento de toda a sua filosofia. No entanto, não teve autoridade na Inglaterra. *Locke, Clarke* e *Cudworht* nem sequer dela alguma vez fizeram caso, mas supõem durante todo o tempo que a matéria tem um poder real, se bem que subordinado e derivado. Como é que ela se tornou tão predominante entre os nossos modernos metafísicos?!

DA IDEIA DE CONEXÃO NECESSÁRIA | 83

coisa que nunca apareceu aos nossos sentidos externos ou ao sentimento *(sentiment)* interno, a conclusão necessária *parece* ser a de que não temos ideia alguma de conexão ou poder, e que estas palavras são absolutamente desprovidas de significado, quando empregues nos raciocínios filosóficos ou na vida comum.

Mas, resta ainda um método de evitar esta conclusão e uma **59** fonte até agora por nós não examinada. Quando algum objeto ou evento natural se apresenta, é-nos impossível, seja por que sagacidade e penetração for, descobrir, ou mesmo conjeturar, sem a experiência, que evento dele irá resultar, ou levar a nossa previsão para lá deste objeto que está imediatamente presente à memória e aos sentidos. Mesmo após um caso ou experimento em que observámos um evento particular sucedendo-se a outro, não estamos autorizados a formar uma regra geral ou a predizer o que acontecerá em casos semelhantes, visto que justamente se considera uma temeridade imperdoável avaliar todo o curso da natureza a partir de um único experimento, por mais exato ou certo que seja. Mas, quando uma espécie particular de evento esteve sempre, em todos os casos, unida a outra, já não temos escrúpulo algum em predizer um em consequência do aparecimento do outro e em empregar o raciocínio, que é o único capaz de nos certificar de qualquer questão de facto ou existência. Chamamos, então, a um objeto, *causa,* e ao outro, *efeito.* Supomos que existe alguma conexão entre eles, algum poder num, pelo qual infalivelmente produz o outro e opera com a maior certeza e a mais forte necessidade.

Parece, pois, que a ideia de uma conexão necessária entre os eventos brota de um número de casos similares que ocorrem da constante conjunção desses eventos; nem esta ideia pode alguma vez ser sugerida por qualquer um dos casos, inspecionado em todos os aspetos e posições possíveis. Mas nada existe num número de casos diferentes de todo o caso singular que se supõe ser exatamente semelhante, a não ser apenas que, após uma repetição de casos similares, a mente é levada pelo hábito, em consequência do aparecimento de um evento, a esperar o seu concomitante usual e a crer que ele virá a exis-

84 | INVESTIGAÇÃO SOBRE O ENTENDIMENTO HUMANO

tir. Por conseguinte, esta conexão, que *sentimos (feel)* na mente, esta transição habitual da imaginação de um objeto para o seu concomitante usual, é o sentimento *(sentiment)* ou a impressão a partir da qual formamos a ideia de poder ou conexão necessária. Nada mais aí se encontra. É esta a única diferença entre um exemplo, de que nunca podemos receber a ideia de conexão, e um número de exemplos semelhantes, pelo qual ela é sugerida. Na primeira vez que um homem viu a comunicação do movimento por impulso, como no choque de duas bolas de bilhar, não podia afirmar que aquele evento estava *conexo (connected)*, mas apenas que estava *associado (conjoined)* ao outro. Após ter observado vários casos desta natureza, afirmará então que eles se encontram *conexos*. Que alteração sucedeu para suscitar a nova ideia de *conexão?* Nenhuma, a não ser o ele *sentir* agora que os eventos estão *conexos* na sua imaginação, e que pode prontamente predizer a existência de um a partir do aparecimento do outro. Por conseguinte, quando dizemos que um objeto está conexo com outro, queremos apenas dizer que eles adquiriram uma conexão no nosso pensamento e fazem emergir a inferência pela qual se tornam provas *(proofs)* da sua existência recíproca, conclusão esta um tanto extraordinária, mas que parece fundada em evidência suficiente. Nem a sua evidência será enfraquecida por qualquer hesitação geral do entendimento ou suspeição cética respeitante a toda a conclusão que é nova e extraordinária. Nenhumas conclusões podem ser mais agradáveis ao ceticismo do que aquelas que fazem descobertas a respeito da fraqueza e dos estreitos limites da razão e capacidade humanas.

60 E que exemplo mais forte se pode fornecer da surpreendente ignorância e fraqueza do entendimento do que o presente? Porque, sem dúvida, se há alguma relação entre objetos que nos importa conhecer perfeitamente é a de causa e efeito. Nesta se fundam todos os nossos raciocínios acerca das questões de facto ou existência. Só por seu intermédio alcançamos alguma certeza relativamente a objetos que se encontram afastados do testemunho da nossa memória e dos nossos sentidos. A única utilidade imediata de todas as ciências é ensinar-nos

DA IDEIA DE CONEXÃO NECESSÁRIA | 85

o modo de controlar e regular os futuros eventos mediante as suas causas. Por conseguinte, os nossos pensamentos e inquirições são, a cada momento, empregues a propósito desta relação; no entanto, são tão imperfeitas as ideias que a respeito dela formamos que é impossível fornecer qualquer definição justa de causa, a não ser a que é tirada de algo a ela alheio e estranho. Objetos similares encontram-se sempre associados a objetos semelhantes. Temos disso experiência. Por conseguinte, de acordo com a experiência, podemos definir uma causa como sendo *um objeto, seguido por outro, e onde todos os objetos semelhantes ao primeiro são seguidos por objetos similares ao segundo.* Ou, por outras palavras, *onde, se o primeiro objeto não tivesse ocorrido, o segundo nunca teria existido.* O aparecimento de uma causa induz sempre a mente, mediante uma transição usual, à ideia do efeito. Também disto temos experiência. Podemos portanto, em conformidade com a experiência, formar outra definição de causa e chamar-lhe *um objeto seguido por outro e cujo aparecimento transporta sempre o pensamento para essoutro.* Mas, embora ambas as definições sejam obtidas a partir de circunstâncias estranhas à causa, não podemos remediar este inconveniente ou alcançar alguma definição mais perfeita, que consiga salientar a circunstância na causa que lhe proporciona uma conexão com o efeito. Não temos nenhuma ideia de tal conexão, nem sequer uma noção distinta do que é que desejamos conhecer, ao tentarmos [chegar] a uma conceção dela. Dizemos, por exemplo, que a vibração desta corda é a causa deste som particular. Mas, o que queremos dizer com tal afirmação? Ou queremos dizer *que esta vibração é seguida por este som e que todas as vibrações similares têm sido seguidas por sons semelhantes, ou que esta vibração é seguida por este som e que, em virtude do aparecimento de um, a mente antecipa os sentidos e forma imediatamente uma ideia do outro.* Podemos considerar a relação de causa e efeito num ou noutro destes aspetos, mas, para lá destes, não temos nenhuma ideia dela([6]).

([6]) Segundo estas explicações e definições, a ideia de *poder* é tão relativa como a de *causa* e ambas se referem a um efeito ou a algum outro evento

86 | INVESTIGAÇÃO SOBRE O ENTENDIMENTO HUMANO

61   Recapitulando, pois, os raciocínios desta secção: toda a ideia é copiada de alguma impressão ou sentimento *(sentiment)* anterior; e onde não podemos descobrir qualquer impressão, podemos estar certos de que não existe ideia alguma. Em todos os casos singulares da operação dos corpos ou das mentes, nada há que produza qualquer impressão, nem, por conseguinte, possa sugerir alguma ideia de poder ou conexão necessária. Mas, quando surgem muitos casos uniformes e o mesmo objeto é sempre seguido pelo mesmo evento, começamos então a albergar a noção de causa e conexão. *Experimentamos (feel)* então um novo sentimento ou impressão, isto é, uma conexão usual no pensamento ou na imaginação entre um objeto e o

---

constantemente associado ao primeiro. Quando consideramos a circunstância *desconhecida* de um objeto pela qual é fixado e determinado o grau ou a quantidade do seu efeito, chamamos-lhe o seu poder e, por consequência, todos os filósofos admitem que o efeito é a medida do poder. Mas, se tiveram alguma ideia do poder tal como é em si mesmo, porque é que não conseguiram medi-lo em si mesmo? A disputa sobre se a força de um corpo em movimento é como a sua velocidade ou o quadrado da sua velocidade, tal disputa, digo eu, não precisa de ser decidida pela comparação dos seus efeitos em tempos iguais ou desiguais, mas por uma medição e uma comparação diretas.

Quanto ao uso frequente das palavras «força», «poder», «energia», etc., que em toda a parte ocorrem na conversação comum, bem como na filosofia, isso não é uma prova de que conhecemos, em algum caso, o princípio que liga a causa e o efeito ou que, em última análise, podemos explicar a produção de uma coisa pela outra. Essas palavras, tal como são habitualmente empregues, têm adscritos a si significados muito vagos e as suas ideias são muito incertas e confusas. Nenhum animal pode pôr corpos externos em movimento sem o sentimento *(sentiment)* de um *nisus* ou esforço; e todo o animal tem um sentimento *(sentiment)* ou uma sensação *(feeling)* da pancada ou do choque de um objeto externo que está em movimento. Tais sensações *(sensations),* que são meramente animais, e das quais não podemos *a priori* tirar inferência alguma, conseguimos transferi-las para os objetos inanimados e supor que eles têm alguns sentimentos assim, sempre que transferem ou recebem movimento. No tocante a energias que são usadas sem lhes anexarmos qualquer ideia de movimento comunicado, consideramos apenas a conjunção constantemente experimentada dos eventos e, visto que *sentimos* uma conexão usual entre as ideias, transferimos este sentimento *(feeling)* para os objetos, porque nada é mais habitual do que aplicar aos corpos externos toda a sensação interna que eles despertam.

seu concomitante habitual; tal sentimento *(sentiment)* é o original da ideia que buscamos. Uma vez que esta ideia brota de um número de casos similares e não de um único caso, deve provir daquela circunstância em que o número de casos difere de cada caso individual. Mas a habitual conexão ou transição da imaginação é a única circunstância em que eles diferem. São semelhantes em todas as outras particularidades. O primeiro exemplo que vimos de movimento comunicado pelo choque de duas bolas de bilhar (para regressarmos a esta ilustração palpável) é exatamente semelhante a qualquer caso que, presentemente, nos possa ocorrer; a não ser apenas que, a princípio, não podíamos *inferir* um evento a partir de outro – o que agora estamos habituados a fazer, após um tão longo decurso de experiência uniforme. Não sei se o leitor apreenderá com prontidão este raciocínio. Receio que, se multiplicar as palavras a seu respeito ou o esclarecer em maior variedade de aspetos, ele se torne apenas mais obscuro e intricado. Em todos os raciocínios abstratos, existe um ponto de vista que, se felizmente o conseguirmos atingir, nos fará avançar mais no esclarecimento do tema do que mediante toda a eloquência e copiosa expressão do mundo. Tentaremos alcançar esse ponto de vista e reservar as flores da retórica para assuntos que com elas mais se coadunam.

Secção VIII

Da liberdade e necessidade

Parte I

Poderia com razão esperar-se, em questões que foram debati- **62** das e disputadas com grande ardor, desde a primeira origem da ciência e da filosofia, que pelo menos houvesse acordo entre os contendedores quanto ao significado de todos os termos; e que as nossas inquirições, no decurso de dois mil anos, houvessem passado das palavras para o verdadeiro e real tema da controvérsia. Pois, não parece muito fácil fornecer definições exatas dos termos empregues no raciocínio e fazer de tais definições, e não do mero som das palavras, o objeto de futuro escrutínio e exame? Mas, se considerarmos o assunto mais minuciosamente, conseguiremos tirar uma conclusão totalmente oposta. Em virtude de a circunstância apenas de uma controvérsia se ter mantido viva tanto tempo e permanecer ainda indecidida, podemos presumir que existe alguma ambiguidade na expressão e que os contendedores afixam ideias diferentes aos termos utilizados na controvérsia. Pois, visto que as faculdades da mente são por suposição naturalmente similares em todos os indivíduos – de outro modo nada podia ser mais infrutífero do que argumentar ou discutir em conjunto –, seria impossível, se os homens atribuíssem as mesmas ideias aos seus termos, que eles pudessem, durante tanto tempo, formar opiniões diversas sobre o mesmo assunto, sobretudo quando comunicam os seus pontos de vista e cada parte se revolve por todos os lados em busca de argu-

90 | INVESTIGAÇÃO SOBRE O ENTENDIMENTO HUMANO

mentos que lhe possam dar a vitória sobre os seus antagonistas. É verdade que, se os homens intentam a discussão de questões que residem inteiramente para além do alcance da capacidade humana, tais como as concernentes à origem dos mundos ou à economia do sistema intelectual ou região dos espíritos, talvez fustiguem longamente o ar nas suas infrutíferas controvérsias e nunca cheguem a uma conclusão determinada. Porém, se a questão incidir em algum tema da vida e experiência comuns, nada, pensar-se-ia, podia manter durante tanto tempo indecida a disputa, a não ser algumas expressões ambíguas, que ainda mantêm à distância os adversários e os impedem de chegar a vias de facto uns com os outros.

63   Foi o que aconteceu na questão longamente debatida acerca da liberdade e da necessidade e em grau tão notável que, se não me engano muito, descobriremos que toda a humanidade, quer letrada ou ignorante, foi sempre da mesma opinião relativamente a este assunto, e que umas quantas definições inteligíveis poriam imediatamente fim a toda a polémica. Reconheço que esta disputa foi tão debatida de todos os lados e levou os filósofos para um tal labirinto de obscura sofística que não é de espantar se um leitor sensato se entregar ao seu bem-estar e se recusar a prestar atenção à proposta de uma questão da qual não pode esperar nem instrução nem entretenimento. Pode ser, porém, que o estado do debate aqui proposto sirva para renovar a sua atenção, por ter mais novidade e prometer, pelo menos, alguma decisão da controvérsia, e não irá perturbar muito o seu sossego com raciocínios intricados ou obscuros.

Espero, pois, fazer transparecer que todos os homens concordaram sempre na doutrina da necessidade e da liberdade, consoante um sentido justo, que se pode pôr nestes termos, e que a inteira controvérsia girou, até agora, em torno de meras palavras. Começaremos por examinar a doutrina da necessidade.

64   Admite-se universalmente que a matéria, em todas as suas operações, é atuada por uma força necessária e que todo o efeito natural é determinado com tanta precisão pela energia

da sua causa que nenhum outro efeito, em tais circunstâncias particulares, poderia possivelmente dela ter resultado. O grau e a direção de todo o movimento são prescritos pelas leis da natureza com tal exatidão que uma criatura viva pode surgir do choque de dois corpos logo que o movimento vai para algum outro grau ou direção diferente da que é realmente originada por ele. Se, pois, houvermos de formar uma ideia justa e precisa de *necessidade,* devemos considerar donde é que tal ideia provém, quando a aplicamos à ação dos corpos.

Parece evidente que, se todas as vistas da natureza fossem continuamente removidas de maneira a que dois eventos não tivessem qualquer semelhança entre si, mas cada objeto fosse inteiramente novo, sem semelhança alguma com qualquer coisa que antes se tivesse visto, neste caso, jamais obteríamos a menor ideia de necessidade ou de uma conexão entre esses objetos. Com base em tal suposição, poderíamos dizer que um objeto ou evento sucedeu a outro, mas não que um foi produzido por outro. A relação de causa e efeito deve ser absolutamente desconhecida à humanidade. A partir deste momento, a inferência e o raciocínio acerca das operações da natureza chegariam ao fim e a memória e os sentidos permaneceriam os únicos canais através dos quais o conhecimento de qualquer existência concreta poderia talvez ter acesso à mente. Por conseguinte, a nossa ideia de necessidade e causação deriva inteiramente da uniformidade observável nas operações da natureza, em que objetos similares estão constantemente associados a outros e a mente é determinada pelo costume a inferir um a partir do aparecimento de outro. Estas duas circunstâncias constituem o todo da necessidade, que atribuímos à matéria. Para lá da constante *conjunção* de objetos semelhantes e da consequente *inferência* de um para o outro, não temos nenhuma ideia de qualquer necessidade ou conexão.

Se, portanto, parecer que toda a humanidade sempre admitiu, sem nenhuma dúvida ou hesitação, que estas duas circunstâncias têm lugar nas ações voluntárias dos homens e nas operações da mente, deve seguir-se que toda a humanidade concordou sempre na doutrina da necessidade *(necessity)*

92 | INVESTIGAÇÃO SOBRE O ENTENDIMENTO HUMANO

e que, até agora, discutiram simplesmente por não se entenderem entre si.

65 Quanto à primeira circunstância, a conjunção constante e regular de eventos similares, podemos talvez contentar-nos com as seguintes considerações. Reconhece-se universalmente que existe uma grande uniformidade entre as ações dos homens, em todas as nações e épocas, e que a natureza humana permanece ainda a mesma nos seus princípios e operações. Os mesmos motivos produzem sempre as mesmas ações. Ambição, avareza, amor-próprio, vaidade, amizade, generosidade e dedicação à causa pública: estas paixões, mescladas em graus diversos e distribuídas pela sociedade, foram, desde o início do mundo, e ainda são, a fonte de todas as ações e empreendimentos que alguma vez se observaram entre os homens. Querem conhecer os sentimentos, as inclinações e o decurso da vida dos gregos e dos romanos? Estudem bem a índole e as ações dos franceses e dos ingleses; não se enganarão muito em transferir para os primeiros a *maior parte* das observações que se fizeram relativamente aos últimos. A humanidade é de tal maneira a mesma em todos os tempos e lugares que a história nada de novo ou de estranho nos ensina neste particular. O seu uso principal é apenas descobrir os princípios constantes e universais da natureza humana, mostrando-nos os homens em todas as variedades de circunstâncias e situações e fornecendo-nos materiais a partir dos quais podemos formar as nossas observações e familiarizar-nos com as fontes regulares da ação e conduta humanas. Estes registos de guerras, intrigas, fações e revoluções são outras tantas coleções de experimentos pelas quais o político ou filósofo moral fixa os princípios da sua ciência, da mesma maneira que o médico ou filósofo natural se familiariza com a natureza das plantas, minerais e outros objetos externos, mediante experimentos que realiza a seu respeito. A terra, a água e outros elementos examinados por Aristóteles e por Hipócrates não se assemelham mais aos que presentemente se expõem à nossa observação do que os homens descritos por Políbio e Tácito se parecem com os que governam agora o mundo.

DA LIBERDADE E NECESSIDADE | 93

Se um viajante, ao regressar de um país distante, nos trouxesse um relato de homens inteiramente diferentes de alguém com quem alguma vez nos familiarizámos, homens que fossem totalmente despojados de avareza, ambição ou vingança, que não conhecessem outro prazer a não ser a amizade, a generosidade e a dedicação à causa pública, imediatamente detetaríamos, a partir destas circunstâncias, a falsidade e far-lhe-íamos ver que era um mentiroso, com a mesma certeza como se ele tivesse entremeado a sua narração com histórias de centauros e dragões, milagres e prodígios. E se houvermos de desmascarar alguma falsificação em história, não podemos servir-nos de um argumento mais convincente do que provar que as ações atribuídas a alguma pessoa são diretamente contrárias ao curso da natureza e que nenhuns motivos humanos podiam, em tais circunstâncias, induzi-la alguma vez a semelhante conduta. A veracidade de Quintus Curtius levanta tanta suspeita, quando descreve a coragem sobrenatural de Alexandre, pela qual se lançou sozinho ao ataque de multidões, como quando descreve a sua força e atividade sobrenaturais, pelas quais lhes conseguiu resistir. Tal é a prontidão e universalidade com que reconhecemos uma uniformidade nos motivos e ações humanas e ainda nas operações do corpo.

Daqui, igualmente, o benefício da experiência adquirida durante uma longa vida e uma variedade de negócios e de trato para nos instruir nos princípios da natureza humana e orientar a nossa conduta futura, bem como a especulação. Com este guia, ascendemos ao conhecimento das inclinações e motivos dos homens, a partir das suas ações, expressões e até gestos, e de novo descemos à interpretação das suas ações a partir do conhecimento dos seus motivos e inclinações. As observações gerais acumuladas pela via da experiência dão-nos a chave da natureza humana e ensinam-nos a deslindar todas as suas complexidades. Os pretextos e as aparências não mais nos iludem. As declarações públicas surgem como tonalidades especiosas de uma causa. E embora se conceda à virtude e à honra o seu peculiar peso e autoridade, esse desinteresse perfeito, a que tantas vezes se aspira, nunca é de esperar das multidões e par-

94 | INVESTIGAÇÃO SOBRE O ENTENDIMENTO HUMANO

tidos; raramente dos seus líderes e dificilmente até de indivíduos de qualquer categoria ou posição. Mas, se não existisse uniformidade nas ações humanas e se todo o experimento que conseguíssemos fazer deste género fosse irregular e anómalo, seria impossível coligir algumas observações gerais acerca da humanidade e nenhuma experiência, por mais exatamente sintetizada que fosse pela reflexão, serviria para qualquer propósito. Porque é que o agricultor de idade é mais hábil no seu ofício do que o principiante jovem, senão porque existe uma certa uniformidade na operação do sol, da chuva e da terra relativamente à produção dos vegetais e a experiência ensina ao velho profissional as regras pelas quais tal operação é governada e dirigida?

66   No entanto, não devemos aguardar que a uniformidade das ações humanas seja levada a tal ponto que todos os homens, nas mesmas circunstâncias, venham a agir sempre precisamente da mesma maneira, sem fazer qualquer concessão à diversidade dos carateres, preconceitos e opiniões. Em nenhuma parte da natureza se encontra uma tal uniformidade em todo o particular. Pelo contrário, em virtude de observarmos a variedade de conduta em homens diferentes, estamos capacitados a constituir uma maior variedade de máximas, que supõem ainda um grau de uniformidade e regularidade.

São as maneiras dos homens diferentes em diferentes épocas e países? Daí aprendemos a grande força do costume e da educação, que moldam a mente humana desde a infância e a configuram numa maneira de ser *(character)* fixa e estabelecida. É o comportamento e a conduta de um sexo muito diferente da de outro? Será porque nos familiarizámos com diversas maneiras de ser que a natureza imprimiu nos sexos e que ela preserva com constância e regularidade? São as ações da mesma pessoa muito diversificadas nos diferentes períodos da sua vida, desde a infância até à velhice? Isto abre espaço para muitas observações gerais a respeito da mudança gradual dos nossos sentimentos e inclinações e das diferentes máximas que prevalecem em diferentes idades das criaturas humanas. Mesmo as maneiras de ser, que são peculiares a cada indivíduo, têm uma

DA LIBERDADE E NECESSIDADE | 95

uniformidade na sua influência; de outro modo, o nosso trato
com as pessoas e a nossa observação da sua conduta nunca nos
poderiam revelar as suas disposições ou servir para orientar o
nosso comportamento a seu respeito.

Concordo que é possível encontrar algumas ações que pare- **67**
cem não ter nenhuma conexão regular com quaisquer motivos
conhecidos e são exceções a todas as medidas de conduta que
alguma vez foram estabelecidas para o governo dos homens.
Mas se quisermos saber que juízo se há de formar acerca de
tais ações irregulares e extraordinárias, podemos considerar os
sentimentos comummente albergados em relação aos eventos
irregulares que surgem no curso da natureza e as operações
dos objetos externos. Nem todas as causas estão ligadas aos seus
efeitos usuais com uniformidade semelhante. Um artífice, que
lida apenas com matéria morta, pode ficar desapontado com o
seu intento, tal como o político, que dirige a conduta de agentes sensíveis e inteligentes.

O vulgo, que toma as coisas segundo a sua primeira aparência, atribui a incerteza dos eventos a uma tal incerteza nas
causas que, muitas vezes, faz as últimas falhar na sua influência
habitual, embora não se lhes depare impedimento na sua operação. Mas os filósofos, ao observarem que, em quase toda a
parte na natureza, existe contida uma vasta variedade de fontes
e princípios que se encontram ocultos em virtude da sua peque-
nez ou lonjura, descobrem que é pelo menos possível que a
contrariedade dos eventos não derive de alguma contingência
na causa, mas da secreta operação de causas contrárias. Esta
possibilidade converte-se em certeza por ulterior observação,
ao notarmos que, após um escrutínio exato, uma contrariedade
de efeitos trai sempre uma contrariedade de causas e provém
da sua mútua oposição. Um campónio não pode dar melhor
razão para a paragem de qualquer relógio do que dizer que,
habitualmente, não funciona bem; mas um artista facilmente
percebe que a mesma força na corda ou no pêndulo tem sempre a mesma influência sobre as rodas, não realizando, porém,
o seu efeito usual talvez em virtude do pó, que faz parar todo
o movimento. A partir da observação de vários casos paralelos,

os filósofos formam uma máxima de que a conexão entre todas as causas e efeitos é igualmente necessária e que a sua aparente incerteza em alguns casos provém da secreta oposição das causas contrárias.

Assim, por exemplo, no corpo humano, quando os habituais sintomas de saúde ou doença desiludem a nossa expectativa, quando os medicamentos não atuam com os seus poderes acostumados, quando eventos irregulares se seguem de alguma causa particular, o filósofo e o médico não se surpreendem com o assunto, nem sequer são tentados a negar, em geral, a necessidade e a uniformidade dos princípios pelos quais é dirigida a economia animal. Sabem que um corpo humano é uma máquina complicada e poderosa; que muitos poderes secretos nele se escondem e estão totalmente para além da nossa compreensão; que, para nós, deve frequentemente parecer muito incerto nas suas operações; e que, por conseguinte, os eventos irregulares, que externamente se manifestam, não podem constituir nenhuma prova de que as leis da natureza não são observadas com a maior das regularidades, nas suas operações internas e no seu governo.

68   O filósofo, se for consistente, deve aplicar o mesmo raciocínio às ações e volições dos agentes inteligentes. As resoluções mais irregulares e inesperadas dos homens podem frequentemente ser explicadas por aqueles que conhecem todas as circunstâncias particulares da sua índole e situação. Uma pessoa de disposição amável dá uma resposta impertinente; mas está com dor de dentes ou não jantou. Uma pessoa bronca encontra uma alacridade incomum na sua carruagem, mas é porque beneficiou subitamente de um golpe de sorte. Ou mesmo quando uma ação, como por vezes acontece, não pode ser particularmente explicada, nem pela própria pessoa nem pelos outros, sabemos em geral que as índoles dos homens são, até um certo ponto, inconstantes e irregulares. Esta é, de certa maneira, a índole constante da natureza humana, embora ela se possa aplicar, de um modo mais particular, a algumas pessoas que não possuem regra fixa para a sua conduta, mas seguem por uma contígua senda de capricho e inconstância. Os princípios e motivos internos podem atuar de uma maneira uniforme, não obstante estas aparentes irregularidades, do mesmo modo que os ventos, a chuva, as nuvens e outras variações do tempo são supostamente governados por princípios estáveis, embora não sejam detetáveis pela sagacidade e investigação humanas.

Parece, portanto, que não só a conjunção de motivos e ações **69** voluntárias é tão regular e uniforme como a que existe entre a causa e o efeito em qualquer parte da natureza, mas também que esta conjunção regular foi universalmente conhecida na humanidade e nunca constituiu objeto de disputa, quer na filosofia ou na vida comum. Ora, visto que é a partir da experiência passada que tiramos todas as inferências a respeito do futuro e uma vez que tiramos a conclusão de que os objetos por nós descobertos na sua permanente conjunção continuarão sempre conjuntos, pode parecer supérfluo demonstrar que a uniformidade experimentada nas ações humanas é uma fonte de onde a propósito delas tiramos *inferências*. Mas, a fim de abordarmos o argumento com uma maior variedade de aspetos, iremos insistir, se bem que com brevidade, neste último tópico.

A dependência mútua dos homens é tão grande em todas as sociedades que raramente qualquer ação humana é inteiramente completa em si mesma ou levada a cabo sem alguma referência às ações de outros, que se requerem para a levar a responder plenamente à intenção do agente. O mais pobre artífice, que trabalha sozinho, espera pelo menos a proteção do magistrado, para que lhe assegure o saborear os frutos do seu trabalho. Espera igualmente que, ao levar os seus bens para o mercado e os oferecer a bom preço, venha a encontrar compradores e a conseguir, mediante o dinheiro que adquire, levar outros a fornecer-lhe as mercadorias que são necessárias para a sua subsistência. Na proporção em que os homens alargam as suas relações com os outros e mais complicado tornam o seu convívio, assim abrangem sempre, nos seus esquemas de vida, uma maior variedade de ações voluntárias, as quais, segundo esperam, a partir de motivos adequados, hão de cooperar com as suas próprias. Em todas estas conclusões, vão buscar os seus

98 | INVESTIGAÇÃO SOBRE O ENTENDIMENTO HUMANO

critérios à experiência passada, tal como acontece nos seus raciocínios relativamente aos objetos externos; e acreditam firmemente que os homens, bem como os elementos, continuarão, nas suas operações, a ser os mesmos tal como sempre os encontraram. Um manufaturador conta tanto com o trabalho dos seus empregados para a execução de alguma obra como com as ferramentas que emprega, e ficaria igualmente surpreendido se as suas expectativas sofressem uma deceção. Em suma, a inferência experimental e o raciocínio acerca das ações dos outros fazem de tal maneira parte da vida humana que jamais homem algum, enquanto acordado, está um momento sem os utilizar. Por conseguinte, temos ou não razão para afirmar que toda a humanidade concordou sempre na doutrina da necessidade, em consonância com a definição e a aplicação que dela previamente foi dada?

70 Os filósofos também nunca albergaram uma opinião diferente das outras pessoas neste particular. Pois, para não referir que quase toda a ação da sua vida supõe esta opinião, são mesmo escassas as partes especulativas do ensino a que ela não é essencial. Que seria da *história,* se não dependêssemos da veracidade do historiador, segundo a experiência que tivemos da humanidade? Como poderia a *política* ser uma ciência, se as leis e as formas de governo não exercessem uma influência uniforme sobre a sociedade? Onde residiria o fundamento da *moral,* se índoles particulares não tivessem certo ou determinado poder de produzir sentimentos particulares e se estes sentimentos não tivessem uma operação constante sobre as ações? E com que pretexto poderíamos nós exercer a *crítica* a respeito de algum poeta ou autor elegante, se não nos fosse possível declarar a conduta e os sentimentos dos seus atores como naturais ou não naturais a tais personagens e em tais circunstâncias? Por consequência, parece quase impossível entregar-se à ciência ou à ação de qualquer espécie sem o conhecimento da doutrina da necessidade e esta *inferência* do motivo para as ações voluntárias, das índoles para a conduta.

E, sem dúvida, ao considerarmos quão convenientemente se conectam a evidência *natural* e a evidência *moral* e formam

DA LIBERDADE E NECESSIDADE | 99

apenas uma cadeia de argumento, não teremos escrúpulo em admitir que elas são da mesma natureza e derivam dos mesmos princípios. Um prisioneiro que não tem dinheiro nem simpatia descobre a impossibilidade da sua fuga ao pensar tanto na obstinação do carcereiro como nas paredes e barras que o circundam, e, em todas as tentativas de liberdade, escolhe antes trabalhar na pedra e no ferro de uma do que lidar com a natureza inflexível do outro. O mesmo prisioneiro, ao ser levado ao cadafalso, prevê a sua morte certa tanto a partir da constância e fidelidade dos seus guardas como a partir da ação do machado ou da roda. A sua mente percorre um certo encadeamento de ideias: a recusa dos soldados em consentirem na sua fuga; a ação do carrasco, a separação da cabeça e do corpo, o sangrar, os movimentos convulsivos e a morte. Existe aqui uma cadeia ligada de causas naturais e de ações voluntárias, mas a mente não vê diferença entre elas, ao passar de um elo para outro, nem está menos certa do evento futuro do que se estivesse conexo com os objetos presentes à memória ou aos sentidos por um encadeamento de causas, cimentadas pelo que nos comprazemos em chamar uma necessidade *física*. A mesma união experienciada tem o mesmo efeito sobre a mente, quer os objetos unidos sejam motivos, a volição e as ações, ou uma figura e o movimento. Podemos mudar o nome das coisas, mas a sua natureza e a sua operação sobre o entendimento nunca mudam.

Se um homem, que eu sei ser honesto e opulento e com quem vivo em íntima amizade, vier a minha casa, onde estou rodeado dos meus criados, fico descansado de que ele não me irá apunhalar antes de sair a fim de roubar a minha escrivaninha de prata, e eu não suspeito mais desse evento do que do desmoronamento da própria casa, que é nova e solidamente construída e alicerçada. – *Mas pode ter sido acometido de um frenesi súbito e desconhecido.* – Assim pode surgir um terramoto repentino e abalar e derrubar, aos meus ouvidos, a minha casa. Modificarei, pois, as suposições. Direi que sei com certeza que ele não irá pôr a sua mão no fogo e mantê-la aí até se consumir. E penso que posso predizer este evento com a mesma firmeza com que assevero que, se ele se arrojar pela janela e não se lhe deparar obstrução alguma, não permanecerá um momento suspenso no ar. Nenhuma suspeição de um frenesi pode fornecer a mínima possibilidade ao primeiro evento, que é tão contrário a todos os princípios conhecidos da natureza humana. Um homem que, ao meio-dia, deixa a sua bolsa cheia de oiro no chão em Charing Cross, pode tanto esperar que ela voará para longe como uma pena, como ir encontrá-la intacta uma hora depois. Mais de metade dos raciocínios humanos contêm inferências de natureza semelhante, acompanhadas de mais ou menos graus de certeza em proporção à nossa experiência de conduta usual da humanidade em tais situações particulares.

71 Refleti com frequência sobre qual poderia ser provavelmente a razão por que todos os homens, embora tenham sempre, sem hesitação, reconhecido a doutrina da necessidade em toda a sua prática e raciocínio, manifestaram no entanto uma tal relutância em reconhecê-la nas palavras e mostraram antes, em todas as épocas, propensão para admitir a opinião contrária. A questão, penso eu, pode explicar-se da seguinte maneira. Se examinarmos as operações do corpo e a produção dos efeitos a partir das suas causas, descobriremos que todas as nossas faculdades jamais nos podem levar, no conhecimento desta relação, além da simples observação de que objetos particulares estão *constantemente conjuntos* e que a mente é transportada, por uma *transição habitual,* do aparecimento de um para a crença no outro. Mas, embora esta conclusão a respeito da ignorância humana seja o resultado do mais estrito escrutínio deste assunto, os homens ainda albergam uma forte propensão para pensar que penetram mais profundamente nos poderes da natureza e que percecionam algo de semelhante a uma conexão necessária entre a causa e o efeito. Ao orientarem de novo as suas reflexões para as operações das próprias mentes e ao não *apreenderem (feel)* uma tal conexão entre o motivo e a ação, são capazes, por conseguinte, de supor que existe uma diferença entre os efeitos que promanam da força material e os que derivam do pensamento e da inteligência. Mas, tendo-nos uma vez convencido de que nada mais sabemos da causação

DA LIBERDADE E NECESSIDADE | 101

de qualquer espécie a não ser a *constante conjunção* de objeto e a consequente *inferência* da mente de um para o outro, e descobrindo que estas duas circunstâncias, por concessão universal, têm lugar nas ações voluntárias, podemos mais facilmente ser induzidos a admitir a mesma necessidade comum a todas as causas. E, embora este raciocínio possa contradizer os sistemas de muitos filósofos, ao atribuir a necessidade *(necessity)* às determinações da vontade, veremos, após reflexão, que estes divergem daquele só em palavras, e não no seu real sentimento. A necessidade, segundo o sentido em que aqui é tomada, nunca foi até agora rejeitada, nem, penso eu, jamais o poderá ser por algum filósofo. Talvez se possa apenas alegar que a mente consegue perceber, nas operações da matéria, alguma outra conexão entre a causa e o efeito, e uma conexão que não ocorre nas ações voluntárias dos seres inteligentes. Ora, se isto é assim ou não, só após verificação se pode esclarecer, e cabe a esses filósofos fazer vingar a sua asserção, definindo ou descrevendo tal necessidade, e pondo-a para nós em realce nas operações das causas materiais.

Parece, pois, que os homens começam pelo lado errado da **72** questão acerca da liberdade e da necessidade, ao ingressarem nela através do exame das faculdades da alma, da influência do entendimento e das operações da vontade. Discutam primeiro uma questão mais simples, a saber, as operações do corpo e da matéria bruta não inteligente, e experimentem se podem formar alguma ideia da causação e necessidade, exceto a de uma constante conjunção dos objetos e a subsequente inferência da mente de um para outro. Se, efetivamente, tais circunstâncias formam o todo da necessidade, que concebemos na matéria, e se essas circunstâncias ocorrem igualmente, por reconhecimento universal, nas operações da mente, a disputa chegou ao fim; pelo menos, deve admitir-se que, doravante, será meramente verbal. Mas, enquanto supusermos inconsideradamente que temos alguma outra ideia de necessidade e causação nas operações dos objetos externos e que, ao mesmo tempo, nada mais podemos encontrar nas ações voluntárias da mente, não há possibilidade de levar a questão a um termo determinado,

102 | INVESTIGAÇÃO SOBRE O ENTENDIMENTO HUMANO

se continuarmos a lidar com base numa tão errónea suposição. O único método de elucidação é subir mais alto, perscrutar o estreito alcance da ciência quando aplicada a causas materiais e convencer-nos de que tudo o que delas sabemos é a constante conjunção e a inferência acima mencionadas. Podemos talvez descobrir que é com dificuldade que somos induzidos a fixar limites tão apertados ao entendimento humano, mas, posteriormente, não podemos achar dificuldade ao chegarmos a aplicar esta doutrina às ações da vontade. Pois, visto que é evidente que estas têm uma conjunção regular com os motivos, as circunstâncias e as índoles, e uma vez que tiramos sempre inferências de uma para a outra, devemos sentir-nos obrigados a reconhecer nas palavras esta necessidade, que já admitimos, em toda a deliberação das nossas vidas e em cada passo da nossa conduta e do nosso comportamento[1].

---

[1] A preponderância da doutrina da liberdade pode explicar-se a partir de outra causa, a saber, uma falsa sensação ou experiência aparente que temos, ou podemos ter, da liberdade ou indiferença, em muitas das nossas ações. A necessidade de qualquer ação, quer da matéria ou da mente, não é, para falar com propriedade, uma qualidade no agente, mas em algum ser pensante ou inteligente, que reflete sobre a ação; e consiste sobretudo na determinação dos seus pensamentos para inferir a existência dessa ação a partir de alguns objetos precedentes, posto que a liberdade, quando oposta à necessidade, nada é senão a carência de tal determinação e um certo desprendimento ou indiferença que sentimos ao passar, ou ao não passar, da ideia de um objeto para a de outro que se lhe segue. Ora, podemos observar que, embora, ao *refletirmos* sobre as ações humanas, raramente sintamos um tal desprendimento ou indiferença e consigamos em geral inferi-los com certeza considerável a partir dos seus motivos e das disposições do agente, sucede com frequência que, ao *realizarmos* as próprias ações, apreendemos algo a ela similar; e, como todos os objetos parecidos facilmente se tomam uns pelos outros, isso tem sido utilizado como uma prova demonstrativa, e até mesmo intuitiva, da liberdade humana. Sentimos que as nossas ações estão submetidas à vontade, na maioria das ocasiões, e imaginamos sentir que a própria vontade a nada está sujeita porque, ao sermos provocados, por uma negação disso, a tentar, sentimos que ela se move facilmente em todas as direções e suscita uma imagem de si própria (ou uma *veleidade,* como se diz nas escolas) mesmo naquele lado em que não se estabeleceu. Tal imagem, ou movimento indistinto, assim nos persuadimos, podia, nesse momento, ter-se completado na própria coisa, porque, se isso se negar, descobrimos, numa segunda tentativa, que, presentemente, ela

DA LIBERDADE E NECESSIDADE | 103

Mas, para prosseguir no projeto reconciliador relativamente **73**
à questão da liberdade e da necessidade, a questão mais litigiosa da metafísica, a ciência mais litigiosa, não serão precisas muitas palavras para demonstrar que toda a humanidade
concordou sempre na doutrina da liberdade e da necessidade
e que a inteira disputa, também sob este aspeto, foi até agora
meramente verbal. Efetivamente, o que é que se quer dizer com
liberdade, quando aplicada às ações voluntárias? Sem dúvida,
não podemos querer dizer que as ações têm tão pouca conexão com motivos, inclinações e circunstâncias que uma não se
segue a outra com um certo grau de uniformidade e que uma
não proporciona inferência alguma pela qual possamos concluir a existência da outra. Trata-se, pois, de questões de facto
óbvias e conhecidas. Por liberdade, portanto, podemos apenas
significar *um poder de agir ou não agir, segundo as determinações da
vontade;* isto é, se optamos por ficar quietos, podemos fazê-lo; se
decidimos mover-nos, igualmente o podemos. Ora, esta liberdade hipotética pertence, todos o admitem, a quem quer que
não esteja prisioneiro ou na cadeia. Aqui, pois, não há assunto
para polémica.

Seja qual for a definição que possamos dar de liberdade, **74**
devíamos ter o cuidado de observar duas circunstâncias indis-
pensáveis: *primeiro,* que ela seja consistente com a simples questão de facto *(matter of fact); em segundo lugar,* que seja consistente
consigo própria. Se observarmos estas circunstâncias e tornarmos a nossa definição inteligível, estou convencido de que toda
a humanidade se revelará de uma só opinião a seu respeito.

Admite-se universalmente que nada existe sem uma causa da
sua existência e que o acaso *(chance),* quando estritamente exa-

---

pode. Não supomos que o desejo fantástico de patentear a liberdade seja aqui
o motivo das nossas ações. E parece certo que, por muito que imaginemos
sentir dentro de nós uma liberdade, um espetador consegue geralmente inferir as nossas ações a partir dos nossos motivos e da nossa índole; e mesmo onde
não pode, conclui em geral que o conseguiria, se estivesse perfeitamente familiarizado com todas as circunstâncias da nossa situação e temperamento e as
fontes mais secretas da nossa compleição e disposição. Ora, é esta precisamente a essência da necessidade, segundo a doutrina precedente.

104 | INVESTIGAÇÃO SOBRE O ENTENDIMENTO HUMANO

minado, é uma mera palavra negativa e não significa nenhum poder efetivo que, em qualquer parte, um ser tem na natureza. Mas, alega-se que algumas causas são necessárias, e outras não necessárias. Aqui reside, pois, a vantagem das definições. Deixemos alguém *definir* uma causa, sem compreender, como parte da definição, uma *conexão necessária* com o seu efeito; e deixemo-lo mostrar distintamente a origem da ideia, expressa pela definição, e eu de boa vontade abandonarei toda a controvérsia. Mas, se se aceitar a explicação precedente da matéria, ela deve ser absolutamente impraticável. Se os objetos não tivessem uma conjunção regular uns com os outros, nunca teríamos alimentado noção alguma de causa e efeito; e esta conjunção regular origina a inferência do entendimento, que é a única conexão de que podemos ter alguma compreensão. Quem quer que intente uma definição de causa, excluindo estas circunstâncias, será obrigado a empregar termos ininteligíveis ou outros que são sinónimos do termo que tenta definir(²). E se se admitir a definição supramencionada, a liberdade, quando oposta à necessidade, não à coação, identifica-se com o acaso, que, por consenso universal, não tem existência.

Parte II

75   Não existe método de raciocinar mais comum e, no entanto, nenhum mais censurável do que, nas disputas filosóficas, visar a refutação de qualquer hipótese através da alegação das suas consequências perigosas para a religião e a moralidade. Quando alguma opinião leva a absurdidades, é certamente falsa; mas

---

(²) Assim, se uma causa se definir como *o que produz alguma coisa,* é fácil observar que *produzir* é sinónimo de *causar.* De modo análogo, se uma causa se definir como *aquilo por que alguma coisa existe,* tal definição está sujeita à mesma objeção. O que se quer dizer com as palavras *por que?* Se se houvesse afirmado que uma causa é *aquilo* depois do qual *alguma coisa existe constantemente,* entenderíamos os termos. Eis, efetivamente, tudo o que sabemos do assunto. E esta constância constitui a verdadeira essência da necessidade, e dela não temos nenhuma outra ideia.

DA LIBERDADE E NECESSIDADE | 105

não é certo que uma opinião seja falsa porque tem uma consequência perigosa. Por conseguinte, tais tópicos deviam ser totalmente evitados, visto que em nada contribuem para a descoberta da verdade, mas apenas para tornar odiosa a pessoa do antagonista. Faço esta observação em geral, sem dela pretender retirar alguma vantagem. Submeto-me sinceramente a um exame deste género e arrisco-me a afirmar que as doutrinas da necessidade e da liberdade, como acima explanadas, são não só consistentes com a moralidade, mas absolutamente essenciais à sua corroboração.

A necessidade pode definir-se de dois modos, em conformidade com as duas definições de *causa,* da qual ela constitui uma parte essencial. Consiste ou na constante conjunção de objetos semelhantes, ou na inferência do entendimento a partir de um objeto para outro. Ora, a necessidade, em ambos os sentidos (que, no fundo, são efetivamente os mesmos), pertence, por reconhecimento universal, embora tácito nas escolas, no púlpito e na vida comum, à vontade do homem, e jamais alguém pretendeu negar que podemos fazer inferências a respeito das ações humanas e que tais inferências se baseiam na união experienciada de ações análogas, com motivos, inclinações e circunstâncias semelhantes. A única particularidade em que qualquer um pode divergir é que, ou se recusará talvez a dar o nome de necessidade a essa propriedade das ações humanas – mas, desde que se compreenda o significado, a palavra, espero eu, não pode causar dano algum –, ou então considerará possível descobrir algo mais nas operações da matéria. Mas isso, deve reconhecer-se, não pode ter consequência alguma para a moralidade ou a religião, seja qual for a que tiver para a filosofia natural ou a metafísica. Talvez aqui nos enganemos ao asserir que não há nenhuma ideia de qualquer outra necessidade ou conexão nas ações do corpo, mas, às ações da mente, nada certamente atribuímos a não ser o que cada um concede e prontamente deve admitir. Não mudamos circunstância alguma no sistema ortodoxo aceite relativamente à vontade, mas apenas no tocante aos objetos e causas materiais. Por conseguinte, nada pode ser, pelo menos, mais inocente do que esta doutrina.

106 | INVESTIGAÇÃO SOBRE O ENTENDIMENTO HUMANO

76   Visto que todas as leis se fundam em recompensas e castigos, presume-se como um princípio fundamental que tais motivos têm uma influência regular e uniforme sobre a mente e que suscitam as boas ações e impedem as más. Podemos dar a esta influência o nome que quisermos, mas, uma vez que está habitualmente conjunta à ação, deve considerar-se uma *causa* e olhar-se como um exemplo da necessidade, que aqui iremos estabelecer.

O único objeto adequado do ódio ou da vingança é uma pessoa ou criatura dotada de pensamento e consciência; e quando algumas ações criminosas ou injuriosas excitam tal paixão, é só pela sua relação à pessoa, ou pela conexão com ela. As ações, pela sua natureza própria, são temporárias e evanescentes, e onde não promanam de alguma *causa* na índole e disposição da pessoa que as realiza, não podem nem redundar em sua honra, se forem boas, nem em infâmia, se más. As ações em si podem ser censuráveis, podem ser contrárias a todas as regras da moralidade e da religião, mas a pessoa não é por elas responsável; e visto que elas de nada surgiram na pessoa que seja duradoiro e constante e nada dessa natureza deixam atrás de si, é impossível que ela, após a sua justificação, possa tornar-se objeto de castigo ou vingança. Por conseguinte, segundo o princípio que nega a necessidade e, portanto, as causas, um homem fica tão puro e incorrupto, depois de ter cometido o crime mais horrendo, como no primeiro momento do seu nascimento, nem a sua índole *(character)* está de alguma maneira implicada nas suas ações, dado que dela não derivaram, e a malícia de uma nunca pode ser utilizada como uma prova da depravação da outra.

Os homens não são censurados pelas ações que levam a cabo por ignorância ou fortuitamente, sejam quais forem as consequências. Porquê? Porque os princípios de tais ações são apenas momentâneos e nelas somente terminam. Os homens são menos censurados pelas ações que realizam à pressa e sem premeditação do que por aquelas que levam a cabo com deliberação. Por que razão? Porque um temperamento irrefletido, embora seja uma causa ou princípio constante na mente, opera apenas por intervalos e não contamina a índole na sua totalidade. De novo, o arrependimento limpa todo o crime, se for seguido por uma reforma da vida e das maneiras. Como é que isso se deve explicar, a não ser afirmando que as ações tornam uma pessoa criminosa simplesmente enquanto provas de princípios criminosos ínsitos na mente? Quando, mediante uma alteração de tais princípios, deixam de ser verdadeiras provas, cessam igualmente de ser criminosas. Mas, a não ser sob a doutrina da necessidade, nunca constituíam verdadeiras provas e, consequentemente, nunca eram criminosas.

Será igualmente fácil demonstrar, e a partir dos mesmos **77** argumentos, que a *liberdade,* segundo a definição antes mencionada, em que todos os homens concordam, é também essencial à moralidade, e que nenhumas ações humanas onde ela falta são suscetíveis de quaisquer qualidades morais ou podem ser objetos de aprovação ou reprovação. Uma vez que as ações são objetos do nosso sentimento moral só enquanto constituem indicações da índole, das paixões e afeições internas, é impossível que consigam suscitar o louvor ou a censura, onde não derivam de tais princípios, mas provêm inteiramente da violência externa.

Não pretendo ter neutralizado ou eliminado todas as obje- **78** ções a esta teoria, no tocante à necessidade e à liberdade. Posso prever outras objeções, resultantes de tópicos que ainda aqui não foram tratados. Pode dizer-se, por exemplo, que, se as ações voluntárias se sujeitarem às mesmas leis da necessidade que as operações da matéria, haverá uma contínua cadeia de causas necessárias, pré-ordenadas e pré-determinadas, indo desde a causa original de tudo até cada volição singular de todas as criaturas humanas. Não existe contingência em qualquer parte do universo; não há indiferença; não há liberdade. Ao agirmos, somos ao mesmo tempo agidos. O Autor último de todas as nossas volições é o Criador do mundo, que, primeiro, conferiu movimento a esta imensa máquina e pôs todos os seres na posição particular donde cada evento subsequente deve resultar, mediante uma necessidade inevitável. Por conseguinte, as ações humanas ou não podem ter nenhuma torpeza moral, por provirem de uma causa tão boa, ou então, se têm qualquer

108 | INVESTIGAÇÃO SOBRE O ENTENDIMENTO HUMANO

indignidade, devem implicar o nosso Criador na mesma culpa, enquanto é reconhecido como sua última causa e autor. Assim como um homem que faz explodir uma mina é responsável por todas as consequências, quer o rastilho que empregou fosse comprido ou curto, assim onde quer que se fixe uma contínua cadeia de causas necessárias, o Ente, finito ou infinito, que produz as primeiras é também o autor de tudo o mais e deve aguentar com a censura e obter o louvor que lhes pertence. As nossas ideias claras e inalteráveis de moralidade estabelecem esta regra sobre razões indiscutíveis, ao examinarmos as consequências de qualquer ação humana; e essas razões devem ainda ter uma força maior quando aplicadas às volições e intenções de um Ente infinitamente sábio e poderoso. A ignorância ou a impotência podem apresentar-se como desculpa relativamente a uma criatura tão limitada como o homem, mas tais imperfeições não têm lugar no nosso Criador. Ele previu, ordenou, planeou todas as ações dos homens que nós tão irrefletidamente declaramos criminosas. E, por conseguinte, devemos concluir ou que elas não são criminosas, ou que a Divindade, e não o homem, é por elas responsável. Mas, como uma ou outra destas posições é absurda e ímpia, segue-se que a doutrina de que elas se deduzem não pode ser verdadeira, porquanto está sujeita às mesmas objeções. Uma consequência absurda, se necessária, demonstra que a doutrina original é absurda, da mesma maneira que as ações criminosas tornam criminosa a causa original, se a conexão entre elas for necessária e evitável.

Esta objeção consta de duas partes, que iremos examinar separadamente: *primeiro*, que, se as ações humanas podem remontar, através de uma cadeia necessária, à Divindade, nunca podem ser criminosas, por causa da infinita perfeição do Ser de que elas provêm e que nada pode intentar exceto o que é totalmente bom e louvável; ou, *em segundo lugar*, se são criminosas, devemos retratar o atributo da perfeição que adscrevemos à Divindade e reconhecer nela o autor último da culpa e torpeza moral em todas as suas criaturas.

79 A resposta à primeira objeção parece óbvia e convincente. Há muitos filósofos que, após um escrutínio exato de todos os fenómenos da natureza, concluem que o *Todo*, considerado como um sistema, está, em todos os períodos da sua existência, ordenado com perfeita benevolência e que, no fim, a máxima felicidade possível virá a caber a todos os entes criados, sem qualquer mescla de mal ou miséria positiva ou absoluta. Todo o mal físico, dizem eles, faz parte essencial deste sistema benevolente e, possivelmente, não pode ser eliminado, mesmo pela própria Divindade, considerada como agente sábio, sem admitir um mal ainda maior ou excluir um bem maior, que daí resultaria. Alguns filósofos e, entre os restantes, os antigos *Estoicos*, derivaram desta teoria um tópico de consolação em todas as calamidades, ao ensinarem aos seus discípulos que os males sob que penavam eram, na realidade, bens para o universo e que, para uma visão mais ampla que conseguisse abranger o inteiro sistema da natureza, cada evento se tornava um objeto de alegria e exultação. Mas, embora este tópico seja especioso e sublime, depressa se revelou, na prática, débil e ineficaz. Certamente, suscitaríeis mais a irritação do que a serenidade de um homem sujeito às torturantes doras da gota, pregando-lhe a retidão das leis gerais que produziram os humores malignos no seu corpo e os levaram, através de canais adequados, até aos tendões e aos nervos, onde agora provocam tormentos tão agudos. Essa visão mais ampla pode, por um momento, comprazer a imaginação de um homem especulativo, que se encontra no conforto e na tranquilidade, mas nem um nem a outra podem habitar constantemente na sua mente, mesmo apesar de não ser perturbada pelas emoções da dor ou da paixão; e muito menos ainda podem eles manter o seu terreno quando atacados por tão poderosos antagonistas. As afeições têm uma visão mais estreita e mais natural do seu objeto e, por uma economia mais apropriada à enfermidade das mentes humanas, tomam apenas em consideração os seres à nossa volta, sendo impulsionadas pelos eventos tal como eles se afiguram bons ou maus ao sistema privado.

Com o mal *moral* sucede o mesmo que com o *físico*. Não **80** pode sensatamente supor-se que essas vagas considerações, manifestamente de tão escassa eficácia em relação a um, terão uma influência mais poderosa em relação ao outro. A mente do homem é de tal modo formada pela natureza que, com o aparecimento de certas maneiras de ser, disposições e ações, experimenta imediatamente o sentimento de aprovação ou censura, nem existem quaisquer emoções mais essenciais à sua estrutura e constituição. As índoles que despertam a nossa aprovação são sobretudo as que contribuem para a paz e a segurança da sociedade humana, do mesmo modo que as maneiras de ser que suscitam a censura são em especial as que favorecem o dano e o tumulto públicos, donde se pode, com razão, presumir que os sentimentos morais emergem, mediata ou imediatamente, de uma reflexão destes interesses contrários. Que importa estabelecerem as meditações filosóficas uma diferente opinião ou conjetura de que tudo está bem em relação ao *Todo* e que as qualidades que perturbam a sociedade são, de maneira geral, tão benéficas e tão adequadas à intenção primordial da natureza como as que mais diretamente fomentam a sua felicidade e bem-estar? São essas especulações vagas e incertas capazes de contrabalançar os sentimentos que promanam da visão natural e imediata dos objetos? Um homem a quem roubaram uma soma considerável verá a sua contrariedade, devida à perda, de algum modo diminuída por essas sublimes reflexões? Porque é que, então, o seu ressentimento moral contra o crime se devia supor incompatível com elas? Ou porque é o que o reconhecimento de uma distinção real entre vício e virtude não devia vir a reconciliar-se com todos os sistemas especulativos de filosofia, bem como o de uma distinção real entre beleza e deformidade pessoal? Ambas as distinções se fundam nos sentimentos naturais da mente humana e estes sentimentos não vão ser controlados ou alterados seja por que teoria ou especulação filosófica for.

81   A *segunda* objeção não admite uma resposta tão fácil e satisfatória, nem é possível explicar distintamente como é que a Divindade pode ser a causa mediata de todas as ações dos homens, sem ser o autor do pecado e da torpeza moral. São mistérios que a razão natural, sem ajuda, é muito incompetente para abordar; e seja qual for o sistema que ela adote,

DA LIBERDADE E NECESSIDADE | 111

deve descobrir-se enredada em dificuldades inextricáveis, e até mesmo contradições, em todos os passos que der em relação a tais temas. Reconciliar a indiferença e a contingência das ações humanas com a presciência, ou defender decretos absolutos e, no entanto, isentar a Divindade de ser o autor do pecado, eis o que até agora se revelou exceder todo o poder da filosofia. Feliz dela, se, por este motivo, for consciente da sua temeridade ao esquadrinhar tais sublimes mistérios e, abandonando um lugar tão cheio de obscuridades e perplexidades, regressar, com conveniente modéstia, à sua verdadeira e peculiar província, o exame da vida comum, onde encontrará dificuldades bastantes para empregar as suas inquirições, sem se arrojar a um tão ilimitado oceano de dúvida, incerteza e contradição!

Secção IX

Da razão dos animais

Todos os nossos raciocínios relativos à questão de facto **82** *(matter of fact)* se baseiam numa espécie de analogia que nos leva a esperar de alguma causa os mesmos eventos que, segundo a nossa observação passada, resultam de causas similares. Onde as causas são inteiramente semelhantes, a analogia é perfeita e a inferência, a partir dela tirada, considera-se como certa e conclusiva; nenhum homem alberga dúvida alguma, ao ver um pedaço de ferro, de que ele terá peso e coesão das partes, como em todos os outros casos que alguma vez estiveram no âmbito da sua observação. Mas, onde os objetos não possuem uma semelhança tão exata, a analogia é menos perfeita e a inferência menos conclusiva, embora ela tenha ainda alguma força, em proporção com o grau de similaridade e semelhança. As observações anatómicas formadas a partir de um animal são, por esta espécie de raciocínio, estendidas a todos os animais; e é certo que, por exemplo, quando se provou claramente que a circulação do sangue tem lugar numa criatura como uma rã ou um peixe, surge a forte presunção de que o mesmo princípio ocorre em todas. As observações analógicas podem ainda levar-nos avante, até à ciência de que estamos agora a tratar; e qualquer teoria pela qual explicamos as operações do entendimento ou a origem e a conexão das paixões no homem obterá uma autoridade adicional se descobrirmos que a mesma teoria é necessária para explicar os mesmos fenómenos em todos os outros animais. Tentaremos isso no tocante à hipótese pela

114 | INVESTIGAÇÃO SOBRE O ENTENDIMENTO HUMANO

qual, no discurso precedente, nos esforçámos por explicar todos os raciocínios experimentais, e é de esperar que o novo ponto de vista há de servir para confirmar todas as nossas anteriores observações.

Em primeiro lugar, parece evidente que os animais, tal como os homens, aprendem muitas coisas da experiência e inferem que os mesmos eventos hão de sempre derivar das mesmas causas. Mediante este princípio, familiarizam-se com as propriedades mais óbvias dos objetos externos e, gradualmente, a partir do seu nascimento, entesouram um conhecimento da natureza do fogo, da água, da terra, das pedras, das alturas e profundidades, etc., e dos efeitos que resultam da sua operação. A ignorância e a inexperiência dos jovens distinguem-se aqui claramente da astúcia e sagacidade dos velhos, que aprenderam, mediante uma longa observação, a evitar o que os fere e a buscar o que suscitou gosto ou prazer. Um cavalo que se habituou ao campo familiariza-se com a altura adequada que pode saltar e nunca se arriscará ao que excede a sua força e habilidade. Um velho galgo deixará aos mais jovens a parte mais fatigante da caçada e colocar-se-á de maneira a enfrentar a lebre nas suas voltas rápidas; as conjeturas que ele faz nesta ocasião não se fundam senão na sua observação e experiência.

Isto torna-se ainda mais evidente a partir dos efeitos da disciplina e do ensino dos animais, que, pela aplicação adequada de recompensas e punições, podem aprender qualquer curso de ação e muitíssimo oposto aos seus instintos e tendências naturais. Não é a experiência que torna um cão receoso da dor, quando o ameaçam ou se alça a chibata para lhe bater? Não é a experiência que o leva a responder ao seu nome e a inferir, de um som tão arbitrário, que é a ele, de preferência aos seus companheiros, que se indica e se tenciona chamar, quando é pronunciado de uma certa maneira e com um certo tom e acento?

Em todos estes casos, podemos observar que o animal infere algum facto para além do que imediatamente impressiona os seus sentidos e que esta inferência está totalmente baseada na experiência passada, enquanto a criatura aguarda do objeto

DA RAZÃO DOS ANIMAIS 115

presente as mesmas consequências que, na sua observação, sempre descobriu resultarem de objetos similares.

Em segundo lugar, é impossível que a inferência do animal **84** possa basear-se em algum processo de argumentação ou raciocínio pelo qual conclua que eventos semelhantes devem seguir-se a objetos semelhantes e que o curso da natureza será sempre regular nas suas operações. Se, na realidade, existem alguns argumentos desta natureza, permanecem certamente demasiado abstrusos para a observação de tão imperfeitos entendimentos, porque o descobri-los e observá-los põe em jogo a máxima cautela e atenção de um génio filosófico. Por conseguinte, os animais não são guiados pelo raciocínio em tais inferências; nem o são as crianças; nem o é também a generalidade dos homens, nas suas ações e conclusões ordinárias; nem o são os próprios filósofos que, em todas as partes ativas da vida, são, de modo geral, semelhantes ao vulgo e se governam pelas mesmas máximas. A natureza deve ter fornecido algum outro princípio, de uso e aplicação mais rápidos e mais gerais: uma operação de tão grande consequência na vida, como a de inferir efeitos a partir de causas, não pode confiar-se ao processo incerto do raciocínio e da argumentação. Se isto se afigura duvidoso no tocante aos homens, parece ser inquestionável relativamente à criação bruta; e visto que a conclusão está firmemente estabelecida numa, temos uma forte presunção, a partir de todas as regras da analogia, de que ela devia ser universalmente admitida, sem qualquer exceção ou reserva. É unicamente o costume que impele os animais, de cada objeto que impressiona os seus sentidos, a inferir o seu usual concomitante, e leva a sua imaginação, desde o aparecimento de um, a conceber o outro, da maneira peculiar que denominamos *crença (belief).* Nenhuma outra explicação se pode dar desta operação em todas as classes superiores e inferiores de seres sensitivos, que caem no âmbito do nosso conhecimento e observação([1]).

([1]) Uma vez que todos os raciocínios concernentes aos factos ou às causas derivam meramente do costume, pode perguntar-se: porque é que os homens superam tanto os animais no raciocínio e um homem se avantaja tanto em relação a outro? O mesmo costume não tem a mesma influência sobre todos?

85 Mas, embora os animais aprendam da observação muitas partes do seu conhecimento, há igualmente muitas partes dele que recebem da mão original da natureza; estas excedem em muito o quinhão da capacidade que possuem nas ocasiões

---

Tentaremos aqui explicar brevemente a grande diferença que existe nos entendimentos humanos, após o que a razão da diferença entre os homens e os animais facilmente se compreenderá.

1. Quando já vivemos algum tempo e nos acostumámos à uniformidade da natureza, adquirimos um hábito geral pelo qual transferimos sempre o conhecimento para o desconhecido e concebemos o último como assemelhando-se ao primeiro. Mediante este princípio habitual geral, consideramos mesmo um experimento como o fundamento do raciocínio e aguardamos um evento similar com o mesmo grau de certeza onde o experimento foi realizado com exatidão e ficou isento de todas as circunstâncias estranhas. Portanto, considera-se como matéria de grande importância observar as consequências das coisas; e porque um homem pode muito bem superar outro em atenção, memória e observação, isso irá fazer uma grande diferença no seu raciocínio.

2. Onde existe uma complicação de causas para produzir algum efeito, uma mente pode ser muito mais vasta do que outra e estar mais capacitada para compreender o inteiro sistema dos objetos e inferir justamente as suas consequências.

3. Um homem é capaz de desenvolver uma muito mais extensa cadeia de consequências do que outro.

4. Poucos são os homens que podem pensar durante muito tempo sem incorrer numa confusão de ideias e trocar uma por outra; e vários são os graus desta enfermidade.

5. A circunstância de que o efeito depende está frequentemente implicada noutras circunstâncias que são estranhas e extrínsecas. A separação dela requer, muitas vezes, grande atenção, cuidado e subtileza.

6. A formação de máximas gerais a partir da observação particular é uma operação muito bela e nada é mais habitual, em virtude da pressa ou de uma estreiteza da mente, que não examina todos os lados, do que cometer erros neste particular.

7. Ao argumentarmos a partir de analogias, o homem de maior experiência ou de maior presteza em sugerir analogias será o melhor argumentador.

8. As influências provenientes do preconceito, da educação, da paixão, do partido, etc., assediam mais uma mente do que outra.

9. Depois de termos adquirido a confiança no testemunho humano, os livros e a conversação alargam muito mais a esfera da experiência e do pensamento de um homem do que a de outro.

Seria fácil descobrir muitas outras circunstâncias que originam a diferença nos entendimentos dos homens.

ordinárias e nas quais pouco ou nada melhoram, com a mais longa prática e experiência. A elas damos o nome de instintos *(instincts)* e prestam-se muito à admiração como algo de extraordinário e inexplicável por todas as disquisições do humano entendimento. Mas, o nosso espanto talvez cesse ou diminua, ao pensarmos que o próprio raciocínio experimental, que possuímos em comum com os animais e de que depende a inteira conduta da vida, nada é senão uma espécie de instinto ou poder mecânico, que atua em nós e nos é desconhecido; e, nas suas operações principais, não é dirigido por quaisquer relações ou comparações de ideias, como o são os objetos peculiares das nossas faculdades intelectuais. Embora o instinto seja diferente, é, apesar de tudo, ainda um instinto, que ensina um homem a evitar o fogo, tanto como aquele que ensina a uma ave, com tal exatidão, a arte da incubação e a inteira economia e ordem do cuidado dos filhotes.

Secção X

Dos milagres

Parte I

Existe, nos escritos do Dr. Tillotson, um argumento contra **86** a *presença real* que é tão conciso, elegante e forte como talvez se pode supor qualquer argumento contra uma doutrina que tão pouco digna é de uma séria refutação. Sabe-se de todos os lados, diz o erudito prelado, que a autoridade, da escritura ou da tradição, se funda simplesmente no testemunho dos apóstolos, que foram testemunhas oculares dos milagres do nosso Salvador, pelos quais Ele demonstrou a sua divina missão. Portanto, a nossa evidência a favor da verdade da religião *cristã é* menor do que a evidência em prol da verdade dos nossos sentidos, porque, mesmo nos primeiros autores da nossa religião, ela não era maior; e é óbvio que deve diminuir ao passar deles para os seus discípulos; ninguém pode basear uma tal confiança no seu testemunho como no objeto imediato dos seus sentidos. Mas, uma evidência mais fraca nunca pode destruir uma mais forte; por conseguinte, se a doutrina da presença real estivesse tão claramente revelada na Escritura, seria diretamente contrária às regras do justo raciocínio dar-lhe o nosso assentimento. Contradiz os sentidos, embora tanto a Escritura como a tradição, sobre as quais supostamente se edifica, não tragam consigo tanta evidência como os sentidos, ao considerarem-se meramente como provas externas, e não serem mostradas claramente ao coração de cada um, pela ação imediata do Espírito Santo.

120 | INVESTIGAÇÃO SOBRE O ENTENDIMENTO HUMANO

Nada é tão apropriado como um argumento decisivo deste género, que deve, pelo menos, *silenciar* o mais arrogante fanatismo e superstição e libertar-nos das suas solicitações impertinentes. Lisonjeio-me a mim próprio por ter descoberto um argumento de natureza semelhante, que, se for exato, constituirá, junto dos sábios e eruditos, um revés duradoiro para todos os géneros de ilusão supersticiosa e, consequentemente, será útil enquanto o mundo durar, pois, tão longas serão, creio eu, as narrativas de milagres e prodígios encontradas na história, sagrada e profana.

87 Embora a experiência seja o nosso único guia no raciocínio relativo a questões de facto, deve reconhecer-se que um tal guia não é de todo infalível, mas, em alguns casos, é capaz de nos induzir em erro. Alguém que, no nosso clima, esperasse melhor tempo numa semana de junho do que numa de dezembro, raciocinaria bem e de acordo com a experiência; mas é claro que, neste caso, talvez venha a enganar-se. No entanto, podemos observar que, em tal caso, ele não teria motivo de se queixar da experiência, porque ela habitualmente nos informa com antecedência da incerteza, em virtude da contrariedade dos eventos que podemos aprender de uma diligente observação. Nem todos os efeitos se seguem com igual certeza das suas supostas causas. Descobre-se que, em todos os países e em todas as épocas, alguns eventos constantemente estiveram conjuntos; de outros vem a saber-se que têm sido mais variáveis e, por vezes, desiludem as nossas expectativas, de modo que, nos raciocínios relativos a questões de facto, há todos os graus imagináveis de segurança, desde a mais elevada certeza até à ínfima espécie de evidência moral.

Por conseguinte, um homem sábio ajusta a sua crença à evidência. Em conclusões como as que se baseiam numa experiência infalível, aguarda o evento com o último grau de firmeza e olha a sua experiência passada como uma plena *prova* da futura existência desse evento. Noutros casos, avança com mais cautela: pesa os experimentos contrários, considera que aspeto é apoiado pelo maior número de experimentos, para esse lado se inclina com dúvida e hesitação e quando, finalmente,

DOS MILAGRES 121

determina o seu juízo, a evidência não ultrapassa o que, convenientemente, denominamos *probabilidade*. Portanto, toda a probabilidade supõe uma oposição de experimentos e observações, onde se vê que um lado pesa mais do que o outro e gera um grau de evidência proporcional à superioridade. Uma centena de casos ou experimentos de um lado, e cinquenta do outro, proporcionam uma duvidosa expectativa de qualquer evento, embora cem experimentos uniformes, em que só um é contraditório, produzam justamente um muito forte grau de certeza. Devemos contrabalançar os experimentos opostos em todos os casos onde eles são opostos e deduzir o número menor a partir do maior, a fim de conhecermos a força exata da evidência superior.

Para aplicarmos estes princípios a um caso particular, devemos observar que não existe nenhuma espécie de raciocínio mais comum, mais útil e até necessária à vida humana, do que a que provém do testemunho dos homens e dos relatos das testemunhas oculares e dos espetadores. Talvez se possa negar que esta espécie de raciocínio se funda na relação de causa e feito. Não irei discutir acerca de uma palavra. Será suficiente observar que a nossa certeza em qualquer argumento deste género não provém de outro princípio a não ser a nossa observação da veracidade do testemunho humano e da habitual conformidade dos factos com os relatos das testemunhas. Sendo uma máxima geral que não há objetos alguns que tenham juntamente qualquer conexão detetável e que todas as inferências que de um para outro se podem tirar se fundam unicamente na experiência da sua conjunção constante e regular, é evidente que não devemos abrir uma exceção a esta máxima em favor do testemunho humano, cuja conexão com um evento parece, em si mesma, tão pouco necessária como outra qualquer.

Se a memória não fosse tenaz até um certo grau, se os homens não possuíssem em geral uma inclinação para a verdade e para um princípio de probidade, se não fossem sensíveis à vergonha, quando apanhados numa falsidade – se, digo eu, a *experiência* não revelasse estas coisas como qualidades inerentes à natureza humana, nunca depositaríamos a menor confiança no testemunho humano. Um homem em delírio, ou conhecido pela falsidade e vileza, não tem nenhuma autoridade junto de nós.

E visto que a evidência, resultante das testemunhas e do testemunho humano, se funda na experiência passada, assim varia ela com a experiência e se considera ou como uma *prova* ou como uma *probabilidade*, segundo se viu ser constante ou variável a conjunção entre algum género particular de relato e algum género de objeto. Há várias circunstâncias que se devem tomar em consideração em todos os juízos desta espécie e o padrão último, pelo qual determinamos todas as disputas que a seu respeito possam surgir, provém sempre da experiência e da observação. Onde tal experiência não é inteiramente uniforme de algum lado, é aguardada com uma inevitável contrariedade nos nossos juízos e com a mesma oposição e mútua destruição de argumento como em todo o outro género de evidência. Hesitamos frequentemente em relação aos relatos dos outros. Contrabalançamos as circunstâncias opostas, que suscitam alguma dúvida ou incerteza, e, ao descobrirmos uma superioridade de algum lado, inclinamo-nos para ela, mas ainda com uma diminuição da certeza, em proporção com a força da sua antagonista.

89   Esta contrariedade da evidência, no caso presente, pode brotar de várias causas diferentes: da oposição do testemunho contrário; da índole ou do número das testemunhas; da maneira de prestarem o seu depoimento ou da união de todas estas circunstâncias. Albergamos uma suspeita referente a alguma questão de facto, quando as testemunhas se contradizem entre si, quando são poucas ou de caráter duvidoso; quando têm interesse no que afirmam; quando prestam o seu testemunho com hesitação ou, pelo contrário, com asseverações demasiado violentas. Há muitas outras particularidades do mesmo género, que podem diminuir ou destruir a força de algum argumento procedente do testemunho humano.

Suponhamos, por exemplo, que o facto, que o testemunho tenta estabelecer, partilha do extraordinário e do maravilhoso; neste caso, a evidência resultante do testemunho admite uma

DOS MILAGRES 123

diminuição, maior ou menor, na proporção em que o facto é mais ou menos inabitual. A razão por que damos algum crédito às testemunhas e aos historiadores não provém de qualquer *conexão*, que percebemos *a priori*, entre o testemunho e a realidade, mas porque estamos acostumados a encontrar uma conformidade entre eles. Mas, quando o facto testemunhado é tal que raramente incorreu na nossa observação, existe aqui uma luta de duas experiências opostas, das quais uma destrói a outra, pelo que cabe à sua força, e a superior pode apenas agir sobre a mente mediante a força que resta. O mesmíssimo princípio da experiência, que nos dá um certo grau de certeza no depoimento das testemunhas, dá-nos igualmente, neste caso, outro grau de certeza contra o facto que elas tentam estabelecer; de semelhante contradição surge necessariamente um contrapeso e a mútua destruição da crença e da autoridade.

Não acreditarei em tal história, ainda que me seja dita por Catão era um provérbio em Roma, precisamente durante a vida deste patriota filósofo([1]). A incredibilidade de um facto, segundo o consenso geral, podia invalidar uma tão grande autoridade.

O príncipe indiano que se recusava a acreditar nas primeiras narrativas acerca dos efeitos da geada raciocinava bem e, naturalmente, foi necessário um testemunho muito forte para originar o seu assentimento a factos que provinham de um estado da natureza com que ele não estava familiarizado e que tão escassa analogia tinham com os eventos de que ele possuía uma constante e uniforme experiência. Embora não fossem contrários à sua experiência, não se podiam conformar com ela([2]).

([1]) Plutarco, *Vida de Catão.*

([2]) É evidente que nenhum indiano podia ter a experiência de que a água não gela em climas frios. Isso é pôr a natureza numa situação para ele totalmente desconhecida e é-lhe impossível dizer *a priori* o que daí irá resultar. É realizar um novo experimento, cuja consequência é sempre incerta. Por vezes, pode conjeturar-se a partir da analogia o que se irá seguir, mas não passa ainda de conjetura. E deve afirmar-se que, no caso presente da congelação, o evento se segue contrariamente às regras da analogia e é de modo a que um indiano racional não o procure. As ações do frio sobre a água não são graduais, segundo os graus do frio, mas, sempre que se atinge o ponto de congelação, a água passa, num momento, da extrema liquidez à perfeita dureza. Por con-

124 | INVESTIGAÇÃO SOBRE O ENTENDIMENTO HUMANO

90   Mas, a fim de aumentarmos a probabilidade contra o depoimento das testemunhas, suponhamos que o facto por elas afirmado, em vez de ser apenas maravilhoso, é realmente miraculoso e suponhamos igualmente que o testemunho, considerado à parte e em si mesmo, equivale a uma prova completa; neste caso, há prova contra prova, das quais deve prevalecer a mais forte, mas ainda com uma diminuição da sua força, em proporção com a da sua antagonista.

Um milagre é uma violação das leis da natureza; e, visto que uma experiência firme e inalterável estabeleceu essas leis, a prova contra um milagre, a partir da autêntica natureza do facto, é tão completa como qualquer argumento a partir da experiência se pode talvez imaginar. Porque é que é mais do que provável que todos os homens devem morrer e que o chumbo, de per si, não pode ficar suspenso no ar, que o fogo consome a madeira e é extinto pela água, a não ser porque se descobre que tais eventos são conformes às leis da natureza e se requer uma violação dessas leis ou, por outras palavras, um milagre, para as impedir? Nada se considera um milagre se sempre acontece segundo o curso ordinário da natureza. Não é milagre que um homem, aparentemente de boa saúde, morra de modo súbito, porque um tal género de morte, embora mais inabitual do que outro, tem, no entanto, de acordo com a observação, acontecido muitas vezes. Mas é milagre que um homem morto volte à vida, porque isso nunca se observou em nenhuma época ou país. Por conseguinte, deve haver uma experiência uniforme contra cada evento miraculoso; de outro modo, o evento não mereceria tal designação. E dado que uma experiência uniforme equivale a uma prova, existe aqui uma *prova*

---

seguinte, um tal evento pode denominar-se *extraordinário* e exige um testemunho consideravelmente forte para o tornar crível aos habitantes de um clima quente; não é, porém, *miraculoso* nem contrário à experiência uniforme do curso da natureza em casos onde todas as circunstâncias são as mesmas. Os habitantes de Samatra viram sempre a água líquida no seu próprio clima e o congelamento dos seus rios deveria julgar-se um prodígio; mas nunca viram água em Moscovo, durante o inverno, e, por consequência, não podem justamente ser categóricos sobre qual aí seria a consequência.

DOS MILAGRES 125

direta plena, a partir da natureza do facto, contra a existência de qualquer milagre; nem uma tal prova pode destruir-se ou o milagre tornar-se crível, exceto mediante uma prova contrária, que é superior[3].

A consequência manifesta é (e constitui uma máxima geral, **91** digna da nossa atenção) 'Que nenhum testemunho é suficiente para estabelecer um milagre, a não ser que o testemunho seja de um género tal que a sua falsidade seja mais miraculosa do que o facto cujo estabelecimento ele visa; e mesmo neste caso há uma mútua destruição de argumentos, e o superior apenas nos fornece uma certeza adequada ao grau de força que resta, após se deduzir a inferior'. Quando alguém me diz que viu um homem morto restituído à vida, imediatamente para mim penso se será mais provável que essa pessoa ou engane ou esteja enganada, ou que o facto por ela narrado tenha realmente acontecido. Penso um milagre contra o outro e, conforme a superioridade que eu descobrir, proclamo a minha decisão, e rejeito sempre o maior milagre. Se a falsidade do seu testemunho for mais miraculosa do que o evento que ele narra, então,

---

[3] Por vezes, um evento pode, *de per si,* não *parecer* contrário às leis da natureza e, no entanto, se fosse real, poderia, em virtude de algumas circunstâncias, denominar-se milagre, porque, *de facto,* é contrário a essas leis. Assim, se uma pessoa, reivindicando uma autoridade divina, mandasse a um doente para se pôr bom, a um homem saudável para cair morto, às nuvens para chover, aos ventos para soprar, em suma, mandasse a muitos eventos naturais para imediatamente obedecerem à sua ordem, tudo isso poderia justamente considerar-se milagres, porque são, neste caso, efetivamente contrários às leis da natureza. Se alguma suspeita persiste de que o evento e a ordem coincidem por acidente, não existe nenhum milagre nem transgressão das leis da natureza. Se tal suspeita se eliminar, existe evidentemente um milagre e uma transgressão dessas leis, porque nada pode ser mais contrário à natureza do que a voz ou a ordem de um homem ter uma tal influência. Um milagre pode definir-se com muita exatidão como *transgressão de uma lei da natureza por uma volição da Divindade ou pela interposição de algum agente visível.* Um milagre pode ou não vir a ser descoberto pelos homens. Isso não altera a sua natureza e essência. O levantar uma casa ou um navio no ar é um milagre visível. A elevação de uma pena, quando o vento carece minimamente da força requerida para tal fim, constitui também um verdadeiro milagre, se bem que, quanto a nós, não tão percetível.

126 | INVESTIGAÇÃO SOBRE O ENTENDIMENTO HUMANO

e não até esse momento, pode ele tentar imperar na minha crença ou opinião.

Parte II

92 No raciocínio precedente, supusemos que o testemunho em que se funda um milagre pode talvez equivaler a uma prova completa e que a falsidade de tal testemunho constituiria um real prodígio; mas é fácil mostrar que fomos demasiado liberais na nossa concessão e que nunca houve um evento miraculoso baseado em evidência tão completa.

Em primeiro lugar, não se encontrará, em toda a história, milagre algum testemunhado por um número suficiente de homens com bom senso incontestado, e educação e erudição tais que nos protejam de todo o engano em si próprios; de uma integridade tão indubitável que os situe para além de toda a suspeita de intentarem enganar os outros; de tal crédito e reputação aos olhos da humanidade que tenham muito a perder, no caso de virem a ser apanhados em qualquer falsidade; e, ao mesmo tempo, atestando factos realizados de modo público e numa parte tão celebrada do mundo que tornem inevitável a deteção. Eis outras tantas circunstâncias requeridas para nos darem uma plena garantia no testemunho dos homens.

93 *Em segundo lugar,* podemos observar na natureza humana um princípio que, se for estritamente examinado, se revelará como extremamente redutor da certeza que, a partir do testemunho humano, poderíamos ter em algum género de prodígio. A máxima pela qual ordinariamente nos orientamos nos raciocínios é que os objetos de que não temos experiência se assemelham àqueles de que temos; que aquilo que descobrimos ser mais usual é sempre o mais provável; e que onde existe uma oposição de argumentos devemos dar a preferência aos que se fundam no maior número de observações passadas. Se bem que, ao procedermos segundo esta regra, rejeitemos com prontidão qualquer facto que é inabitual e incrível em grau normal, contudo, ao avançarmos mais, a mente nem sempre observa a mesma regra; porém, quando se afirma algo de totalmente absurdo e miraculoso, ela mais depressa aceita um tal facto, após a consideração da precisa circunstância que deve destruir toda a sua autoridade. A paixão da *surpresa* e do *espanto*, proveniente dos milagres, por ser uma emoção agradável, fornece uma tendência sensível para a crença nos eventos de que ela brota. E isso vai tão longe que até mesmo os que não conseguem desfrutar imediatamente de tal prazer, nem podem crer nos eventos miraculosos acerca dos quais são informados, gostam, no entanto, de partilhar na satisfação de segunda mão ou por ricochete, e encontram orgulho e prazer em suscitar a admiração dos outros.

Com que voracidade não se recebem os relatos miraculosos dos viajantes, as suas descrições de monstros marinhos e terrestres, as suas narrativas de aventuras maravilhosas, de homens estranhos e de maneiras bizarras? Mas, se o espírito da religião se juntar ao amor dos portentos, acaba o sentido comum e, nestas circunstâncias, o testemunho humano perde todas as pretensões à autoridade. Um beato pode ser um entusiasta e imaginar ver o que não possui realidade; pode saber que a sua narrativa é falsa e, no entanto, perseverar nela com a melhor das intenções do mundo, em vista da promoção de uma causa tão santa; ou mesmo onde esta ilusão não tem lugar, a vaidade, incitada por uma tão forte tentação, atua nele mais poderosamente do que no resto da humanidade em quaisquer outras circunstâncias; e o interesse próprio, com igual força. Os seus ouvintes talvez não tenham, e geralmente não têm, discernimento suficiente para discutir a sua evidência: seja qual for o discernimento que possuam, renunciam a ele por princípio, nestas matérias sublimes e misteriosas, ou, se alguma vez o quisessem empregar, a paixão e uma imaginação fogosa perturbam a regularidade das suas operações. A sua credulidade aumenta a impudência e a sua impudência afeta fortemente a credulidade.

A eloquência, quando se encontra na sua máxima culminância, deixa pouco espaço para a razão ou a reflexão; ao dirigir-se inteiramente à fantasia ou às afeições, cativa os ouvintes solí-

128 | INVESTIGAÇÃO SOBRE O ENTENDIMENTO HUMANO

citos e subjuga o seu entendimento. Felizmente, raras vezes atinge tal culminância. Mas o que um Túlio ou um Demóstenes dificilmente podia conseguir de um auditório romano ou ateniense, cada *capuchinho,* cada mestre itinerante ou estacionário o realiza em toda a humanidade e em grau mais elevado, bulindo com tais paixões grandes e vulgares.

Os muitos exemplos de milagres, profecias e acontecimentos sobrenaturais forjados que, em todas as épocas, ou foram detetados mediante evidência contrária, ou se detetam a si devido à própria absurdidade, demonstram suficientemente a forte propensão da humanidade para o extraordinário e o maravilhoso, e deviam justamente levantar uma suspeita contra todas as narrativas deste género. É este o nosso modo natural de pensar, mesmo em relação aos eventos mais comuns e mais críveis. Por exemplo, não há nenhum relato que mais facilmente surja e mais rapidamente se espalhe, sobretudo em localidades rurais e em cidades provincianas, do que os relativos a casamentos, a tal ponto que duas pessoas jovens de igual condição nunca se veem uma à outra mais de duas vezes, mas toda a vizinhança imediatamente as junta. O prazer de referir uma notícia tão interessante, de a difundir e de dela ser o primeiro transmissor, dissemina a inteligência. E tão bem isto se sabe que nenhum homem sensato presta atenção a tais narrativas até as ver confirmadas por uma evidência maior. Não inclinam as mesmas paixões, e outras ainda mais fortes, a generalidade da humanidade a acreditar e a difundir, com a maior veemência e firmeza, todos os milagres religiosos?

94 *Em terceiro lugar,* constitui uma forte suspeita contra todas as narrativas sobrenaturais e miraculosas o facto de com abundância se observarem sobretudo entre nações ignorantes e bárbaras; ou, se um povo civilizado em qualquer ocasião aceitou algumas, ver-se-á que ele as recebeu de antepassados ignorantes e bárbaros, que as transmitiram com a sanção e a autoridade invioláveis que sempre acompanham as opiniões recebidas. Ao lermos atentamente as primeiras histórias de todas as nações, conseguimos transportar-nos em imaginação para um mundo novo, em que toda a estrutura da natureza está desconjuntada

DOS MILAGRES 129

e cada elemento realiza as suas operações de uma maneira diferente do que presentemente faz. As batalhas, as revoluções, a pestilência, a fome e a morte nunca são o efeito das causas naturais, que nós experimentamos. Os prodígios, os presságios, os oráculos e os juízos obscurecem inteiramente os poucos eventos naturais que com eles se mesclam. Mas, à medida que os primeiros se tornam mais ténues em cada página, em proporção ao nosso avanço em direção às épocas ilustradas, depressa aprendemos que nada há de misterioso ou sobrenatural no caso, mas que tudo provém da habitual propensão da humanidade para o maravilhoso e que, embora esta inclinação possa, esporadicamente, ser verificada pelos sentidos e pela erudição, jamais pode ser perfeitamente extirpada da natureza humana.

É estranho, poderá dizer um leitor sagaz, após a leitura cuidadosa desses portentosos historiadores, *que tais eventos prodigiosos nunca aconteçam nos nossos dias.* Nada, porém, tem de estranho, espero eu, que os homens mintam em todas as épocas. Certamente, já vimos suficientes exemplos de tal defeito. Ouvimos falar da origem de muitas narrativas maravilhosas que, ao serem tratadas com desdém por todos os sábios e sensatos, acabaram por ser abandonadas mesmo pelo vulgo. Estejamos certos de que essas célebres mentiras, que se espalharam e floresceram até tamanha altura, promanaram de inícios semelhantes; mas, tendo sido semeadas num solo mais adequado, desenvolveram-se por fim em prodígios quase iguais aos que elas referem.

Foi uma sábia linha de conduta a do falso profeta Alexandre, que, embora agora esquecido, foi outrora tão famoso, ao preparar o primeiro palco das suas imposturas na Paflagónia, onde, como nos diz Luciano, os habitantes eram extremamente ignorantes e estúpidos e dispostos a engolir mesmo o mais grosseiro engano. As pessoas vivendo em locais remotos, que são assaz débeis para pensar que valha a pena investigar o assunto, não têm oportunidade de obter uma melhor informação. As histórias surgem-lhes engrandecidas por centenas de circunstâncias. Os patetas são ativos na propagação da impostura, ao passo que os sábios e os eruditos se contentam em geral com escarnecer da sua absurdidade, sem se informarem dos factos

130 | INVESTIGAÇÃO SOBRE O ENTENDIMENTO HUMANO

particulares pelos quais ela poderia ser facilmente refutada. E, assim, o impostor acima mencionado conseguiu, desde os ignorantes Paflagónios, proceder ao alistamento de sequazes, mesmo entre os filósofos da Grécia e homens da mais eminente posição e distinção em Roma: mais do que isso, conseguiu chamar a atenção do circunspecto imperador Marco Aurélio, ao ponto de o levar a confiar o sucesso de uma expedição militar às suas profecias enganadoras.

São tão grandes as vantagens em originar uma impostura num povo ignorante que, mesmo que o engano seja excessivamente tosco para se impor à generalidade deles *(o que, embora raramente, por vezes acontece),* tem uma probabilidade muito maior de ser bem-sucedida em países remotos do que se o primeiro palco se tivesse preparado numa cidade famosa pelas artes e pelo saber. Os mais ignorantes e broncos desses bárbaros levam a narrativa para o estrangeiro. Nenhum dos seus compatriotas tem uma correspondência ampla ou o crédito e a autoridade suficientes para contradizer e escorraçar o engano. A inclinação dos homens para o maravilhoso tem plena oportunidade de se ostentar. E assim uma história, que está universalmente desacreditada no lugar onde primeiramente surgiu, passará por verdadeira a mil milhas de distância. Mas se Alexandre tivesse fixado a sua residência em Atenas, os filósofos deste famoso centro de saber teriam imediatamente difundido, por todo o império romano, a sua compreensão do facto, o qual, ao ser apoiado por uma tão grande autoridade e exibido por toda a força da razão e da eloquência, teria totalmente aberto os olhos da humanidade. É verdade; Luciano, ao passar acidentalmente pela Paflagónia, teve uma oportunidade de realizar esse bom serviço. Embora seja muito de desejar, nem sempre acontece que a cada Alexandre se depare um Luciano, pronto a revelar e a detetar as suas imposturas.

95   Posso acrescentar como uma *quarta* razão, a qual diminui a autoridade dos prodígios, que não existe testemunho para qualquer um, mesmo aqueles que não foram expressamente detetados, que não seja impugnado por um número infinito de testemunhas, de modo que não só o milagre destrói o crédito

do testemunho, mas o testemunho se destrói a si mesmo. Para melhor entendermos isto, consideremos que, em matéria de religião, tudo o que for diferente é contrário; e é impossível que as religiões da antiga Roma, da Turquia, de Sião e da China se estabeleçam todas sobre algum fundamento sólido. Por conseguinte, cada milagre pretensamente elaborado em qualquer destas religiões (e todas elas abundam em milagres), assim o seu escopo direto é estabelecer o sistema particular a que está atribuído, assim tem a mesma força, embora de modo mais indireto, para destruir todos os outros sistemas. Ao eliminar um sistema rival, destrói igualmente o crédito dos milagres em que se fundava esse sistema, de maneira que todos os prodígios das diferentes religiões se devem considerar como factos contrários e as evidências de tais prodígios, fracas ou fortes, como contrárias entre si. Segundo este método de raciocínio, ao acreditarmos em algum milagre de Maomé ou dos seus sucessores, temos por garantia o testemunho de alguns árabes bárbaros; e, por outro lado, temos de considerar a autoridade de Tito Lívio, de Plutarco, de Tácito e, em suma, de todos os autores e testemunhas, gregos, chineses e católicos romanos, que narraram algum milagre na sua religião particular, temos, digo eu, de olhar o seu testemunho à mesma luz como se eles tivessem mencionado aquele milagre maometano e, em termos expressos, o tivessem contradito, com a mesma certeza que têm em relação ao milagre que narram. Este argumento pode parecer demasiado subtil e refinado, mas, na realidade, não é diferente do raciocínio de um juiz que supõe que o crédito de duas testemunhas, ao afirmarem um crime contra alguém, é destruído pelo depoimento de outras duas, as quais afirmam que ele se encontrava à distância de duzentas léguas no mesmo instante que se diz que o crime fora cometido.

Um dos prodígios melhor atestados em toda a história profana é o que Tácito relata a propósito de Vespasiano, o qual curou um cego em Alexandria por meio da sua saliva, e um coxo mediante um simples toque do seu pé, em obediência a uma visão do deus Serapis, que os intimara a recorrer ao imperador, para essas curas milagrosas. A narrativa pode ler-

132 | INVESTIGAÇÃO SOBRE O ENTENDIMENTO HUMANO

-se neste requintado historiador (⁴), onde cada circunstância parece acrescentar peso ao testemunho, e poderia exibir-se, em geral, com toda a força da argumentação e da eloquência, se alguém estivesse agora interessado em forçar a evidência dessa superstição desacreditada e idólatra, a circunspeção, a sensatez, a idade e a probidade de tão grande imperador, que, ao longo de todo o curso da sua vida, conversava familiarmente com os amigos e os cortesãos e jamais afetou os ares extraordinários de divindade assumidos por Alexandre e Demétrio. O historiador, um escritor coevo, conhecido pela sinceridade e veracidade e, ao mesmo tempo, talvez o maior e mais penetrante génio de toda a antiguidade e, por conseguinte, tão isento de qualquer tendência para a credulidade que ele próprio se encontra sob a imputação contrária de ateísmo e irreverência; as pessoas, de cuja autoridade ele refere o milagre, de reputação estabelecida pelo discernimento e veracidade, como bem podemos presumir; testemunhas oculares do facto e confirmando o seu testemunho, depois que a família dos Flávios foi espoliada do império e já não podia atribuir recompensa alguma como prémio de uma mentira. *Utrumque, qui interfuere, nunc quoque memorant, posquam nullum mendacio pretium.* Se a isto acrescentarmos a natureza pública dos factos, tal como foram narrados, ver-se-á que nenhuma evidência se pode supor mais forte para tão grosseira e tão palpável falsidade.

Existe igualmente um relato memorável feito pelo cardeal de Retz, que bem merece a nossa consideração. Quando este intrigante político fugiu para Espanha, a fim de evitar a perseguição dos seus inimigos, passou por Saragoça, a capital de Aragão, onde lhe mostraram um homem na catedral, que, durante sete anos, fizera de porteiro e era muito conhecido de toda a gente na cidade, que nessa igreja realizava as suas devoções. Durante muito tempo, fora visto como carecendo de uma perna, nas recuperou esse membro pela fricção de um óleo santo no coto (da perna) e o cardeal garante-nos que o viu

---

(⁴) *Hist. lib.*, IV., cap. 81. Suetónio apresenta quase o mesmo relato na *Vida de Vespasiano.*

DOS MILAGRES 133

com as duas pernas. Este milagre foi atestado por todos os cânones da Igreja e apelou-se a toda a sociedade na urbe para uma confirmação do facto; o cardeal viu que eles, pela sua fervorosa devoção, criam profundamente no milagre. Aqui, o narrador foi também contemporâneo do suposto prodígio, de um caráter incrédulo e libertino, bem como de grande génio; o milagre era de uma natureza tão *singular* que dificilmente podia admitir uma contrafação, e as testemunhas muito numerosas e todas elas, de certa maneira, espetadoras do facto de que prestavam testemunho. E o que aumenta poderosamente a força da evidência e talvez duplique a nossa surpresa nesta ocasião é que o próprio cardeal, que faz o relato, parece não lhe atribuir qualquer crédito e, por conseguinte, não pode ser suspeito de cooperar na sagrada fraude. Pensou justamente que não era preciso, para rejeitar um facto de tal natureza, ser-se capaz de refutar com rigor o testemunho e reconstituir a sua falsidade, através de todas as circunstâncias de desonestidade e de credulidade que a fabricaram. Sabia que, assim como isso é, em geral, de todo impossível numa tão pequena distância no tempo e no espaço, assim era extremamente difícil, mesmo quando alguém estava imediatamente presente, em virtude do fanatismo, da ignorância, da astúcia e do embuste de uma grande parte da humanidade. Concluiu, pois, como sensato argumentador, que uma tal evidência trazia na sua própria face a falsidade e que um milagre, apoiado por qualquer testemunho humano, constitui mais um objeto de escárnio do que propriamente de argumento.

Nunca houve certamente um maior número de milagres atribuídos a uma pessoa do que aqueles que, ainda há pouco, se dizia terem sido forjados em França, no túmulo do Abbé Paris, o famoso jansenista, com cuja santidade as pessoas durante tanto tempo foram enganadas. A cura dos doentes, a restituição da audição aos surdos e da vista aos cegos, eis os efeitos habituais desse santo sepulcro, de que em toda a parte se falava. Mas, o que é mais extraordinário é que muitos milagres eram imediatamente comprovados no local, perante juízes de integridade indiscutida, atestados por testemunhas de crédito e dis-

134 | INVESTIGAÇÃO SOBRE O ENTENDIMENTO HUMANO

tinção, numa época ilustrada e no mais eminente teatro que agora existe no mundo. Nem isto é tudo: uma narrativa deles foi publicada e difundida por toda a parte; nem os *jesuítas,* apesar de corpo ilustrado, apoiado pelo magistrado civil e adversários decididos das opiniões em cujo favor se forjaram, diz-se, os milagres, os conseguiram distintamente refutar ou detetar[5].

---

[5] Este livro foi escrito por Mr. Montgeron, advogado ou juiz do Parlamento de Paris, um homem proeminente e de caráter, que foi também um mártir da causa e, segundo se diz agora, está algures numa masmorra por causa do seu livro.

Há um outro livro em três volumes (chamado *Recueil des Miracles de l'Abbé Paris)* que fornece a descrição de muitos desses milagres e é acompanhado de prefácios, que estão muito bem escritos. No entanto, ao longo de todos eles, surge uma comparação ridícula entre os milagres do nosso Salvador e os do Abbé; aí se afirma que a evidência a favor dos últimos é igual à dos primeiros, como se o testemunho dos homens alguma vez pudesse pôr-se na balança com os do próprio Deus, que guiou a pena dos escritores inspirados. Se, de facto, estes escritores houvessem de considerar-se apenas como um testemunho humano, o autor francês é muito moderado na sua comparação, visto que poderia, com alguma aparência de razão, alegar que os milagres jansenistas ultrapassam muito os outros em evidência e autoridade. As circunstâncias seguintes são tiradas de dissertações, inseridas no livro supramencionado.

Muitos dos milagres do Abbé Paris foram imediatamente comprovados por testemunhas perante os funcionários ou o tribunal do bispo em Paris, sob a vigilância do cardeal Noailles, cuja reputação, em virtude da integridade e da capacidade, nunca foi contestada mesmo pelos seus inimigos.

O seu sucessor no arcebispado era um inimigo dos jansenistas e foi por esta razão promovido à sé pelo tribunal. No entanto, 22 priores ou *curés* de Paris, instam, com infinito zelo, a que ele examine esses milagres, os quais, segundo afirmam, são conhecidos em todo o mundo e indiscutivelmente certos. Prudentemente, porém, o cardeal não permitiu.

O partido molinista tentou desacreditar esses milagres num dos casos, o da Mademoiselle le Franc. Mas, além de que a sua ação no tribunal foi, sob muitos aspetos, a mais irregular do mundo, em particular por citar apenas algumas testemunhas jansenistas, que tinham falsificado, além disso, afirmo, depressa se viram esmagados por uma multidão de novas testemunhas, cento e vinte em número, muitíssimas delas de confiança e de recursos em Paris, que confirmaram sob juramento o milagre. Isso foi acompanhado por um solene e sincero apelo ao Parlamento. Mas o Parlamento foi proibido pela autoridade de se imiscuir no assunto. Por fim, observou-se que, onde os homens ardem de zelo e entusiasmo, não existe grau algum de testemunho humano tão forte

DOS MILAGRES 135

que não se consiga para a maior absurdidade; os que forem simplórios ao ponto de investigarem por este meio a questão, e procurarem falhas no testemunho, virão certamente a ser confundidos. Deve, na verdade, ser uma impostura miserável, que não prevalece nesta controvérsia.

Todos os que estiveram em França por esta altura ouviram falar da reputação do Mons. Heraut, *o lieutenant de Police,* cuja vigilância, perspicácia, atividade e ampla inteligência foram muito comentadas. Este magistrado, que pela natureza do seu cargo é quase absoluto, foi investido de plenos poderes com o fim de suprimir ou desacreditar esses milagres; e ele, muitas vezes, prendia sem demora e examinava as testemunhas e os assuntos delas. Mas nunca conseguiu arrancar algo de satisfatório contra elas.

No caso de Mademoiselle Thibaut, mandou chamar o famoso De Sylva para a examinar; e seu testemunho é muito curioso. O médico declara ser impossível que ela pudesse estar tão doente como era comprovado pelas testemunhas, porque é inverosímil que, em tão pouco tempo, tivesse conseguido restabelecer-se tão perfeitamente como ele a encontrara. Racionava, como um homem de senso, a partir de causas naturais, mas o partido contrário disse-lhe que era tudo um milagre e que o seu depoimento era disso a melhor prova.

Os molinistas encontravam-se num dilema lamentável. Não ousavam asserir a absoluta insuficiência do testemunho humano para demonstrar um milagre. E eram obrigados a dizer que tais milagres eram forjados pela feitiçaria e pelo diabo. Mas disseram-lhes que esse fora o recurso dos antigos judeus.

Nenhum jansenista foi alguma vez impedido de explicar a cessação dos milagres, quando o adro da igreja foi fechado por édito do rei. Era o ato de tocar no sepulcro que produzia esses efeitos extraordinários; e quando ninguém podia aproximar-se do túmulo, nenhuns efeitos eram de esperar. Sem dúvida, Deus podia num momento ter derrubado os muros, mas ele é senhor das suas próprias graças e obras e não nos compete a nós explicá-las. Não derrubou as muralhas de todas as cidades como as de Jericó, ao som dos chifres de carneiros, nem abriu a prisão de cada apóstolo, como a de S. Paulo.

Não menos do que o Duc de Chatillon, duque e par de França, da mais alta categoria e família, fornece o testemunho de uma cura milagrosa, realizada sobre um dos seus criados, que vivera vários anos em sua casa com uma enfermidade visível e palpável.

Vou acabar com a observação de que nenhum clero é mais celebrado pelo rigor de vida e de maneiras do que o clero secular de França, sobretudo os priores ou *curés* de Paris, que testemunham estas imposturas.

A erudição, o génio e a probidade dos gentis-homens e a austeridade das freiras de Port-Royal têm sido glorificados em toda a Europa. No entanto,

136 | INVESTIGAÇÃO SOBRE O ENTENDIMENTO HUMANO

Onde encontraremos um tal número de circunstâncias, que concordem na corroboração de um facto? E que temos a opor a uma tal multidão de testemunhas, a não ser a absoluta impossibilidade ou a natureza miraculosa dos eventos que elas narram? Aos olhos de todas as pessoas sensatas, considerar-se-á isto, sem dúvida, apenas como uma refutação suficiente.

97 Será justa a consequência, lá porque algum testemunho humano tem a mais elevada força e autoridade em alguns casos, quando narra, por exemplo, a batalha de Filipos ou de Farsália, que, por conseguinte, todas as espécies de testemunho devem, em todos os casos, ter igual força e autoridade? Suponhamos que as fações de César e de Pompeu tinham cada uma delas reivindicado a vitória nessas batalhas e que os historiadores de cada partido tinham uniformemente atribuído a vantagem ao seu próprio lado; como poderia a humanidade, a esta distância, ter conseguido decidir entre elas? É igualmente forte a oposi-

---

todos eles fazem um depoimento sobre um milagre, operado na sobrinha do famoso Pascal, cuja santidade de vida, bem como a extraordinária capacidade, é muito conhecida. O famoso Racine fornece uma explicação deste milagre na sua célebre história de Port-Royal e reforça-a com todas as provas que uma multidão de freiras, padres, médicos e homens do mundo, todos eles de crédito insuspeito, puderam proporcionar a seu respeito. Vários homens de letras, em particular o bispo de Tournay, consideraram este milagre tão certo que o utilizavam na refutação dos ateus e livres-pensadores. A rainha-regente de França, que era extremamente predisposta contra Port-Royal, mandou o seu próprio médico examinar o milagre, e ele voltou absolutamente convertido. Em suma, a cura sobrenatural era tão incontestável que salvou, por algum tempo, esse famoso mosteiro da ruína com que era ameaçado pelos jesuítas. Se tivesse sido uma vigarice, teria certamente sido detetada por antagonistas tão sagazes e poderosos e deveria ter acelerado a ruína dos inventores. Os nossos teólogos, capazes de erigir um castelo formidável a partir de materiais tão desprezíveis, que edifício prodigioso não poderiam ter erguido a partir destas e de muitas outras circunstâncias, que eu não mencionei! Quantas vezes os grandes nomes de Pascal, Racine, Arnaud, Nicole, ressoaram nos nossos ouvidos? Mas, se eles são atilados, aceitavam o milagre como sendo de uma importância mil vezes maior do que todo o resto da coleção. Além disso, pode muito bem servir o seu propósito, pois esse milagre foi realmente operado pelo toque de uma autêntica ponta sagrada dos santos espinhos, que compunham a santa coroa, que, etc.

DOS MILAGRES 137

ção entre os milagres narrados por Heródoto ou Plutarco e os relatados por Mariana, Beda ou algum historiador monge. O sábio concede uma fé muito académica a todo o relato que favorece a paixão de quem relata, quer ele engrandeça o seu país, a sua família, quer a si mesmo, ou de qualquer outro modo intervenha com as suas inclinações e tendências naturais. Mas, que maior tentação existe do que surgir como um missionário, um profeta, um embaixador dos céus? Quem não enfrentará muitos perigos e dificuldades, a fim de alcançar uma reputação tão sublime? Ou se, com a ajuda da vaidade e de uma imaginação efervescente, um homem teve primeiro de converter-se e ingressar seriamente na ilusão, quem é que alguma vez tem escrúpulo em se servir de fraudes piedosas em apoio de uma causa tão santa e meritória?

A mais pequena faúlha pode aqui atear-se na maior chama, porque os materiais estão sempre preparados para isso. *O avidum genus auricularum*([6]), a populaça que olha pasmada, recebe avidamente, sem exame, tudo o que lisonjeia a superstição e fomenta o espanto.

Quantas histórias desta natureza foram, em todas as épocas, detetadas e desmascaradas na sua infância? Quantas mais ainda foram, por um tempo, glorificadas e mergulharam, depois, no abandono e no esquecimento? Por conseguinte, quando tais relatos se dissipam, a solução do fenómeno é óbvia e julgamos em conformidade com a experiência e a observação habitual, quando a explicamos mediante os princípios conhecidos e naturais da credulidade e da ilusão. E, em vez de recorrermos a uma solução tão natural, admitiremos nós uma violação milagrosa das mais certas leis da natureza?

Não tenho necessidade de mencionar a dificuldade em detetar uma falsidade em qualquer história privada ou mesmo pública no lugar onde se diz que ela ocorreu; e muito mais quando a cena é deslocada para uma distância tão pequena. Mesmo um tribunal de judicatura, com toda a autoridade, exatidão e discernimento que pode utilizar, se encontra muitas

---

([6]) Lucrécio.

138 | INVESTIGAÇÃO SOBRE O ENTENDIMENTO HUMANO

vezes atrapalhado para distinguir entre a verdade e a falsidade nas ações mais recentes. Mas, o problema nunca terá qualquer solução, se confiado ao método comum de altercações, debate e boatos fugidios, sobretudo quando as paixões dos homens se intrometeram em cada lado.

Na infância de novas religiões, os sábios e letrados consideram habitualmente o assunto demasiado insignificante para merecer a sua atenção ou respeito. E quando, depois, de bom grado detetariam a fraude a fim de desenganarem a multidão iludida, a ocasião já passou e os relatos e as testemunhas, que podiam esclarecer o assunto, morreram irremediavelmente.

Não restam nenhuns meios de deteção, a não ser os que se devem tirar do verdadeiro testemunho de quem relata e estes, embora sempre suficientes junto dos sensatos e conhecedores, são habitualmente demasiado refinados para a compreensão do vulgo.

98 Em suma, parece, pois, que nenhum testemunho para qualquer género de milagre alguma vez equivaleu a uma probabilidade, e muito menos a uma prova; e que, mesmo supondo que ele equivaleu a uma prova, seria impugnado por outra prova, derivada da própria natureza do facto que ele procuraria estabelecer. Só a experiência é que dá autoridade ao testemunho humano; e é a mesma experiência que nos garante as leis da natureza. Por conseguinte, quando estes dois géneros de experiência são contrários, nada temos a fazer senão subtrair um do outro e adotar uma opinião, quer de um lado quer do outro, com a certeza que brota do resto. Mas, segundo o princípio aqui explicado, esta subtração, no tocante a todas as religiões populares, equivale a uma aniquilação completa; e, por consequência, podemos estabelecer como máxima que nenhum testemunho humano pode ter uma força tal que demonstre um milagre e dele faça um sólido fundamento para qualquer sistema de religião.

99 Peço que se tenham em conta as limitações aqui feitas, quando digo que um milagre nunca pode ser demonstrado de maneira a constituir o fundamento de um sistema de religião. Confesso que, de outro modo, pode talvez haver milagres ou

DOS MILAGRES | 139

violações do curso habitual da natureza e de um tal género que admitam prova a partir do testemunho humano; embora, talvez, seja impossível encontrar um assim em todos os relatos da história. Portanto, suponhamos que todos os autores, em todas as línguas, concordam que, desde o primeiro de janeiro de 1600, houve uma escuridão total em toda a Terra, durante oito dias; suponhamos que a tradição deste evento extraordinário está ainda forte e viva entre os povos; que todos os viajantes, que regressam de países estrangeiros, nos trazem descrições da mesma tradição, sem a menor variação ou contradição; é evidente que os nossos filósofos presentes, em vez de duvidarem do facto, o devem receber como certo e devem investigar as causas de onde ele poderia brotar. A decadência, a corrupção e a dissolução da natureza é um evento tornado provável por tantas analogias que qualquer fenómeno, que parece ter uma tendência para esta catástrofe, entra no âmbito do testemunho humano, se tal testemunho for muito extenso e uniforme.

Mas, suponhamos que todos os historiadores que tratam de Inglaterra acordam que, no primeiro de janeiro de 1600, a rainha Isabel morreu; que, antes e depois da sua morte, ela foi vista pelos seus médicos e por toda a corte, como é usual em pessoas da sua categoria; que o seu sucessor foi reconhecido e proclamado pelo Parlamento; e que, depois de estar enterrada um mês, novamente apareceu, reocupou o trono e governou a Inglaterra, durante três anos. Devo confessar que ficaria surpreendido com a concorrência de tantas circunstâncias estranhas, mas não teria a mínima inclinação para crer num evento tão miraculoso. Não duvidaria da sua pretensa morte e das outras circunstâncias públicas que se lhe seguiram; afirmaria apenas que ela foi simulada e que não foi nem podia talvez ser real. Em vão me objetaríeis a dificuldade e a quase impossibilidade de enganar o mundo em matéria de tanta consequência; a sabedoria e o discernimento sólido da famosa rainha, com a pouca ou nenhuma vantagem que ela podia colher de um tão pobre artifício. Tudo isso poderia espantar-me, mas eu ainda replicaria que a desonestidade e a tolice dos homens são fenómenos tão comuns que eu preferia antes pensar que os eventos mais extraordinários derivam da sua concorrência a admitir de tal indício uma violação das leis da natureza.

Mas, suponhamos que este milagre era atribuído a algum novo sistema de religião: os homens, em todas as épocas, têm sido tão enganados por histórias ridículas deste género que esta própria circunstância constituiria uma prova plena de uma fraude, e suficiente, para todos os homens de senso, não só para os levar a rejeitar o facto, mas até para o rejeitarem sem mais exame. Embora o Ente a quem se atribui o milagre seja, neste caso, Omnipotente, nem por esse motivo ele se torna um pouco mais provável, visto que nos é impossível conhecer os atributos ou ações de tal Ente, a não ser pela experiência que temos das suas produções, no curso usual da natureza. Isso reduz-nos ainda à observação passada e obriga-nos a comparar os casos da violação da verdade no testemunho dos homens com os da violação das leis da natureza pelos milagres, a fim de julgarmos qual delas é mais verosímil e provável. Uma vez que as violações da verdade são mais comuns no testemunho acerca dos milagres religiosos do que no respeitante a qualquer questão de facto *(matter of fact)*, isso deve diminuir muito a autoridade do primeiro testemunho e levar-nos a tomar uma resolução geral de nunca lhe prestar atenção, seja qual for o simulacro especioso com que ele se oculte.

Lord Bacon parece ter adotado os mesmos princípios de raciocínio. «Devemos – diz ele – fazer uma coleção ou história particular de todos os monstros e nascimentos ou produções prodigiosos e, numa palavra, de todas as coisas novas, raras e extraordinárias na natureza. Mas isso deve fazer-se com o mais severo escrutínio, para não nos afastarmos da verdade. Acima de tudo, deve considerar-se como suspeita toda a narrativa que, de algum modo, depende da religião, como os prodígios de Lívio; e ainda todas as coisas que se encontrarem nos escritores de magia natural ou alquimia, ou de autores semelhantes que, na sua totalidade, parece terem um apetite irreprimível de falsidade e fantasia([7]).

([7]) *Nov. Org.*, lib. II, aph. 29.

DOS MILAGRES | 141

Comprazo-me muitíssimo no método de raciocínio aqui **100**
proposto, porque penso que ele pode servir para confundir
os amigos perigosos ou inimigos disfarçados da *Religião Cristã,*
que intentaram defendê-la pelos princípios da razão humana.
A nossa santíssima religião está fundada na Fé, não na razão;
e é um método seguro de a expor o submetê-la a um tal jul-
gamento, dado que de nenhum modo está preparada para o
suportar. Para mais evidente tornarmos isso, examinemos os
milagres narrados na Escritura; e, para não nos perdermos num
campo demasiado vasto, restrinjamo-nos aos que encontramos
no *Pentateuco,* que escrutinaremos, segundo os princípios dos
pretensos cristãos, não como a palavra ou o testemunho do
próprio Deus, mas como o produto de um escritor e historiador humano. Temos, pois, aqui de considerar primeiramente
um livro, que nos é proposto por um povo bárbaro e ignorante,
escrito numa época em que ele era ainda mais bárbaro e, com
toda a probabilidade, muito depois dos factos que narra, não
corroborados por nenhum testemunho simultâneo e semelhantes às narrativas fabulosas que cada nação fornece a propósito
da sua origem. Ao lermos este livro, vemo-lo cheio de prodígios
e de milagres. Oferece um relato de um estado do mundo e da
natureza humana inteiramente diverso do presente; da nossa
queda desse estado; da idade do homem, alargada a cerca de
mil anos; da destruição do mundo por um dilúvio; da esco-
lha arbitrária de um povo, como o favorito do Céu, sendo esse
povo os compatriotas do autor; da sua libertação do cativeiro
mediante os mais espantosos prodígios imagináveis. Desejo que
cada um ponha a mão sobre o seu coração e, após uma séria
consideração, declare se pensa que a falsidade de um tal livro,
apoiado por semelhante testemunho, será mais extraordinária e miraculosa do que todos os milagres que ele narra; e, no
entanto, eis o que é necessário para o fazer ser acolhido, em
conformidade com as medidas da probabilidade acima estabelecidas.

O que dissemos dos milagres pode aplicar-se, sem qualquer **101**
variação, às profecias. E, de facto, todas as profecias são milagres reais e só enquanto tais podem admitir-se como provas de

142 | INVESTIGAÇÃO SOBRE O ENTENDIMENTO HUMANO

alguma revelação. Se o predizer eventos futuros não excedesse a capacidade da natureza humana, seria absurdo empregar qualquer profecia como um argumento para uma missão divina ou autoridade a partir dos céus. Pelo que, em suma, podemos concluir que a *Religião Cristã* não só foi, a princípio, assistida por milagres, mas não pôde, até hoje, ser criada por qualquer pessoa sensata, sem um milagre. A mera razão é insuficiente para nos convencer da sua veracidade; e quem quer que seja movido pela Fé a dar-lhe o seu assentimento, é consciente de um milagre contínuo na sua própria pessoa, que subverte todos os princípios do seu entendimento e lhe dá uma determinação para crer no que é mais contrário ao costume e à experiência.

Secção XI

De uma providência particular
e de um estado futuro

Ultimamente, conversei muito com um amigo que gosta de 102
paradoxos céticos; embora ele apresentasse muitos princípios
que de nenhum modo posso aprovar, contudo, como parecem curiosos e têm alguma relação com a cadeia de raciocínio
desenvolvida ao longo desta investigação, reproduzi-los-ei aqui
de memória tão exatamente quanto me for possível, a fim de
os submeter ao juízo do leitor.

A nossa conversa começou por eu admirar a singular boa
fortuna da filosofia, que, visto ela exigir a plena liberdade acima
de todos os outros privilégios e prosperar sobretudo em virtude
da livre oposição de sentimentos e da argumentação, teve o
seu primeiro nascimento numa época e num país de liberdade
e tolerância, e nunca foi coartada, mesmo nos seus princípios
mais extravagantes, por quaisquer credos, concessões ou esta-
tutos penais. Excetuando o desterro de Protágoras e a morte de
Sócrates, e este último evento brotou em parte de outros motivos, dificilmente se nos deparam na história antiga quaisquer
casos de despeito fanático, com que tão pejada está a época
presente. Epicuro viveu em Atenas até uma idade avançada, na
paz e na tranquilidade; aos epicuristas[1] permitiu-se mesmo
receber a função sacerdotal e oficiar no altar, nos mais sagrados

_____

[1] Luciani, συμπ. ἢ Λαπίθαι.

144 | INVESTIGAÇÃO SOBRE O ENTENDIMENTO HUMANO

ritos da religião estabelecida. E o encorajamento [2] público de pensões e salários foi igualmente concedido, pelo mais sábio de todos os imperadores romanos [3], aos professores de todas as seitas de filosofia. Pode facilmente conceber-se quão indispensável era à filosofia um tal género de tratamento, na sua primeira juventude, se refletirmos que, mesmo hoje em dia, quando supostamente pode estar mais ousada e robusta, suporta com muita dificuldade a inclemência dos tempos e os ventos ásperos da calúnia e da perseguição, que sobre ela sopram.

Admiras, diz o meu amigo, como singular boa fortuna da filosofia o que parece resultar do curso natural das coisas e ser inevitável em todas as épocas e nações. O fanatismo pertinaz, de que te queixas como tão fatal à filosofia, é realmente filho seu, que, depois de se aliar à superstição, se separa inteiramente do interesse do seu pai e se torna o seu mais inveterado inimigo e perseguidor. Os dogmas especulativos da religião, as ocasiões presentes de disputa tão furiosa, não podiam talvez conceber-se ou admitir-se nas primeiras épocas do mundo, quando a humanidade, sendo totalmente iletrada, formava uma ideia da religião mais adequada para a sua fraca apreensão, e construía as suas doutrinas sagradas a partir das fábulas que serviam sobretudo de objetos da crença tradicional, mais do que a partir de argumentos ou disputas. Por conseguinte, depois que o primeiro alarme cessou, o qual brotara dos novos paradoxos e princípios dos filósofos, parece que esses mestres viveram depois, durante os séculos da antiguidade, em grande harmonia com a superstição estabelecida e fizeram entre eles uma partilha séria da humanidade; os primeiros reivindicando todos os eruditos e sábios, e os últimos possuindo o vulgo e todos os iletrados.

103   Parece, pois, digo eu, que deixas a política totalmente fora de questão e nunca supões que um magistrado sábio possa justamente suspeitar de certas doutrinas da filosofia, como as de Epicuro, que, ao negarem uma existência divina e, por conse-

---

[2] Luciani, εὐνοῦχος.
[3] Luciani e Dio.

DE UMA PROVIDÊNCIA PARTICULAR E DE UM ESTADO FUTURO | 145

guinte, uma providência e um estado futuro, parecem afrouxar, em grande medida, os laços da moralidade e podem, por esta razão, ser supostamente perniciosas para a paz da sociedade civil.

Sei, replicou ele, que tais perseguições nunca efetivamente, em qualquer época, provieram da serena razão ou da experiência das consequências perniciosas da filosofia, mas brotaram inteiramente da paixão e do preconceito. Porém, no caso de eu ir mais além e asserir que, se Epicuro tivesse sido acusado perante o povo, por qualquer um dos *sicofantas* ou informadores daquele tempo, ele facilmente poderia defender a sua causa e demonstrar que os seus princípios da filosofia eram tão salutares como os dos seus adversários, quem tentaria, com tal zelo, expô-lo ao ódio e ao despeito públicos?

Oxalá, disse eu, experimentasses a tua eloquência num tópico tão extraordinário e fizesses um discurso em favor de Epicuro que conseguisse satisfazer, não a populaça de Atenas, se é que admites que esta antiga e culta cidade tenha contido alguma ralé, mas a parte mais filosófica do seu auditório, supostamente capaz de compreender os seus argumentos.

Em tais condições, retorquiu ele, a questão não será muito difícil; se te apetecer, vou, por um momento, imaginar que sou Epicuro e fazer de ti o representante do povo ateniense, e proferirei uma arenga tal que encherá toda a urna com feijões brancos e não deixará um só preto para obsequiar a malícia dos meus adversários.

Muito bem: por favor, procede segundo essas suposições.

Vim aqui, ó atenienses, para justificar na vossa assembleia o **104** que defendi na minha escola e vejo-me acusado por antagonistas furiosos, em vez de raciocinar com calma e com inquiridores imparciais. As vossas deliberações, que por direito deveriam dirigir-se a questões de bem público e ao interesse da comunidade, são desviadas para disquisições de filosofia especulativa; e essas investigações, magnificentes mas talvez estéreis, tomam o lugar das vossas ocupações mais familiares, e também mais úteis. Porém, pelo que me toca a mim, impedirei tal abuso. Não discutiremos aqui acerca da origem e do governo dos mundos.

146 | INVESTIGAÇÃO SOBRE O ENTENDIMENTO HUMANO

Investigaremos apenas até que ponto tais questões dizem respeito ao interesse público. E se puder persuadir-vos de que elas são totalmente indiferentes para a paz da sociedade e a segurança do governo, espero que, em breve, nos devolvais às nossas escolas para aí examinarmos, no ócio, a questão mais sublime, mas, ao mesmo tempo, mais especulativa de toda a filosofia.

Os filósofos religiosos, não contentes com a tradição dos vossos antepassados e a doutrina dos vossos sacerdotes (com que eu de bom grado concordo), acarinham uma temerária curiosidade, ao experimentarem até que ponto podem estabelecer a religião sobre os princípios da razão; e desse modo suscitam, em vez de satisfazerem, as dúvidas que naturalmente brotam de uma inquirição diligente e minuciosa. Pintam, com as cores mais esplendorosas, a ordem, a beleza e a sábia disposição do universo e perguntam, depois, se uma tal exibição gloriosa da inteligência podia derivar do concurso fortuito dos átomos, ou se o acaso podia produzir o que o maior génio nunca pôde suficientemente admirar. Não examinarei a justeza deste argumento. Admitirei que é tão sólido como o podem desejar os meus adversários e acusadores. Basta que eu consiga provar, precisamente a partir deste raciocínio, que a questão é inteiramente especulativa e que ao negar, nas minhas disquisições filosóficas, uma providência e um estado futuro, eu não mino os fundamentos da sociedade, mas apresento princípios que eles mesmos, com base nos seus próprios tópicos, se argumentarem consistentemente, devem reconhecer que são sólidos e satisfatórios.

105   Vós, pois, que sois os meus acusadores, reconhecestes que o principal ou único argumento em favor de uma existência divina (que eu nunca impugnei) provém da ordem da natureza, onde aparecem tais sinais de inteligência e intenção que tendes como extravagância o designar para sua causa ou o acaso, ou a força cega e desgovernada da matéria. Admitis que este é um argumento tirado dos efeitos para as causas. Da ordem da obra, inferis que deve ter havido um projeto e uma premeditação no artífice. Se não conseguirdes estabelecer este ponto, admitis que a vossa conclusão falha, e não preten-

DE UMA PROVIDÊNCIA PARTICULAR E DE UM ESTADO FUTURO | 147

deis estabelecer a conclusão numa latitude maior do que a que hão de justificar os fenómenos da natureza. São estas as vossas concessões. Desejo que presteis atenção às consequências.

Ao inferirmos alguma causa particular a partir de um efeito, devemos proporcionar uma ao outro, e jamais nos deve ser permitido atribuir à causa quaisquer qualidades, a não ser as que são rigorosamente suficientes para produzir o efeito. Um corpo de dez onças erguido em qualquer balança serve de prova de que o contrapeso excede dez onças, mas nunca pode fornecer uma razão de que ele excede uma centena. Se a causa, para algum efeito, não for suficiente para o produzir, devemos ou rejeitar essa causa, ou acrescentar-lhe qualidades tais que lhe deem uma justa proporção ao efeito. Mas, se lhe atribuirmos mais qualidades ou afirmarmos que ela é capaz de produzir outros efeitos, podemos apenas conceder a permissão de conjeturas e supor arbitrariamente a existência de qualidades e energias, sem razão ou autoridade.

A mesma regra se aplica, quer a causa assinalada seja a matéria inconsciente e bruta, quer um ser racional inteligente. Se a causa for conhecida apenas mediante o efeito, nunca devemos atribuir-lhe quaisquer qualidades para além das que são justamente necessárias para produzir o efeito; nem podemos, por regra alguma do reto raciocínio, retroceder da causa e inferir dela outros efeitos, para além daqueles mediante os quais unicamente ela nos é conhecida. Ninguém, simplesmente a partir da vista de uma das pinturas de Zêuxis, poderia saber que ele foi também um escultor ou arquiteto, e um artista não menos habilidoso na pedra e no mármore do que nas cores. Os talentos e o gosto, exibidos na obra particular que está diante de nós, eis o que podemos seguramente concluir que o artífice possuía. A causa deve ser proporcionada ao efeito; e se com rigor e precisão a tornarmos proporcional, jamais nela encontraremos quaisquer qualidades que evidenciem mais ou forneçam uma inferência a respeito de qualquer outro propósito ou realização. Tais qualidades devem estar de certo modo para além do que é meramente requerido para produzir o efeito que nós examinamos.

148 | INVESTIGAÇÃO SOBRE O ENTENDIMENTO HUMANO

106   Admitindo, pois, que os deuses são os autores da existência ou da ordem do universo, segue-se que eles possuem o precioso grau de poder, de inteligência e de benevolência que transparece na sua obra; mas nada mais se pode provar, a não ser que chamemos em ajuda o exagero e a adulação para suprirem as deficiências do argumento e do raciocínio. Até onde aparecem, no presente, os vestígios de alguns atributos, até aí podemos concluir que esses atributos existem. A suposição de mais atributos é simples hipótese; e muito mais ainda a suposição de que, nas distantes regiões do espaço ou períodos do tempo, houve ou haverá uma mais esplendorosa exibição de tais atributos e um esquema de administração mais adequado a tais virtudes imaginárias. Jamais nos pode ser permitido ascender do universo, o efeito, a Júpiter, a causa, e, em seguida, daí descer para inferir algum efeito novo a partir dessa causa, como se os efeitos presentes, só por si, não fossem inteiramente dignos dos gloriosos atributos que a tal divindade atribuímos. Uma vez que o conhecimento da causa provém unicamente do efeito, eles devem ajustar-se rigorosamente entre si e um nunca pode referir-se a coisa alguma mais ou constituir o fundamento de uma nova inferência e conclusão.

Achais certos fenómenos na natureza. Procurais uma causa ou autor. Pensais que já o descobristes. Em seguida, de tal modo vos enamorais deste filho do vosso cérebro que o julgais impossível, e que ele [o autor] deve produzir algo de maior e de mais perfeito do que o presente espetáculo das coisas, que é tão cheio de males e de desordem. Esqueceis que estas inteligência e benevolência superlativas são totalmente imaginárias ou, pelo menos, sem qualquer fundamento na razão; e olvidais que não tendes nenhuma razão para lhe atribuir quaisquer qualidades, exceto as que vedes que ele efetivamente usou e exibiu nas suas produções. Por conseguinte, ó filósofos, deixai os vossos deuses harmonizarem-se com as presentes aparências da natureza e não ouseis alterar essas aparências por suposições arbitrárias, a fim de as ajustardes aos atributos que tanto gostais de atribuir às vossas divindades.

Ó atenienses, quando os sacerdotes e os poetas, apoiados **107**
pela vossa autoridade, falam de uma idade de oiro ou de prata
que precedeu o atual estado de vício e miséria, escuto-os com
atenção e reverência. Mas, quando os filósofos, que pretendem
descurar a autoridade e cultivar a razão, mantêm o mesmo discurso, não lhes presto, confesso, a mesma obsequiosa submissão
e pia deferência. Pergunto: quem os levou às regiões celestiais,
quem os admitiu nos conselhos dos deuses, quem lhes abriu o
livro do destino, de modo a que assim afirmem temerariamente
que as suas divindades executaram ou executarão algum propósito para além do que efetivamente apareceu? Se me disse-
rem que ascenderam pelos degraus ou pela subida gradual da
razão e tirando inferências dos efeitos para as causas, torno
a insistir que eles ajudaram a subida da razão com as asas da
imaginação; de outro modo, não poderiam assim mudar o seu
estilo de inferência e argumentar das causas para os efeitos,
presumindo que uma produção mais perfeita do que o mundo
presente seria mais adequada para seres tão perfeitos como os
deuses, e olvidando que não têm nenhum motivo para atribuir
aos entes celestiais qualquer perfeição ou atributo a não ser o
que se pode encontrar no mundo presente.

Daí, toda a diligência infrutífera para explicar as imperfeitas aparências da natureza e salvar a honra dos deuses, ao
passo que nós devemos reconhecer a realidade do mal e da
desordem, em que o mundo tanto abunda. As qualidades rebel-
des e insubmissas da matéria, dizem-nos, ou a observância de
leis gerais, ou alguma razão deste género, é a única causa que
comandava o poder e a benevolência de Júpiter e o obrigou a
criar a humanidade e todas as criaturas sensíveis tão imperfeitas
e tão infelizes. Parece, pois, que tais atributos são previamente
tidos como garantidos, na sua mais vasta latitude. E com base
nesta suposição, confesso que essas conjeturas podem talvez
aceitar-se como soluções plausíveis dos fenómenos imperfeitos. Mas, insisto em perguntar: porquê ter como garantidos os
atributos ou porquê atribuir à causa qualidades além das que
aparecem efetivamente no efeito? Porquê torturar o cérebro
para justificar o curso da natureza com suposições, as quais, que

150 | INVESTIGAÇÃO SOBRE O ENTENDIMENTO HUMANO

vós sabeis, podem ser inteiramente imaginárias e das quais não se encontrarão vestígios no curso da natureza?

Por conseguinte, a hipótese religiosa deve considerar-se apenas como um método particular de explicar os fenómenos visíveis do universo; porém, nenhum reto argumentador alguma vez ousará inferir dela um facto singular e alterar ou acrescentar os fenómenos em qualquer simples indivíduo. Se pensais que as aparências das coisas demonstram tais causas, pode conceder-se a vós o fazer uma inferência a respeito da existência das causas. Em assuntos tão complicados e sublimes, a cada um se devia conceder a liberdade de conjetura e argumento. Mas, tendes de ficar por aí. Se retrocedeis e, argumentando a partir das causas inferidas, concluís que existiu ou existirá algum outro facto, no curso da natureza, que possa servir de mais plena exibição de atributos particulares, devo admoestar-vos que, tendo partido do método de raciocínio dedicado ao tema presente, acrescentastes certamente alguma coisa aos atributos da causa, para além do que aparece no efeito; de outro modo, nunca podereis, com sofrível sentido ou propriedade, acrescentar algo ao efeito, a fim de o fazer mais digno da causa.

108   Onde está, pois, a odiosidade da doutrina que ensino na minha escola, ou antes, que examino nos meus jardins? Ou, o que é que encontrais, em toda esta questão, que contemple menos a segurança da boa moral ou a paz e a ordem da sociedade?

Nego, segundo dizeis, uma providência e o supremo governador do mundo, que guia o curso dos eventos e pune o perverso com a infâmia e os dissabores, e recompensa o virtuoso com a honra e o êxito, em todos os seus empreendimentos. Mas, certamente, não nego o próprio curso dos eventos, que está aberto à inquirição e ao exame de todos. Reconheço que, na presente ordem das coisas, a virtude é acompanhada de mais paz de espírito do que o vício e se lhe depara um acolhimento mais favorável por parte do mundo. Estou consciente de que, segundo a experiência passada da humanidade, a amizade é a principal alegria da vida humana e a moderação a única fonte de tranquilidade e felicidade. Nunca oscilo entre o rumo vir-

DE UMA PROVIDÊNCIA PARTICULAR E DE UM ESTADO FUTURO | 151

tuoso e o caminho imoral da vida, mas sei que, para uma mente bem-disposta, toda a vantagem reside no lado do primeiro. E que mais podeis dizer, concedendo-vos todas as vossas suposições e raciocínios? Dizeis-me, de facto, que esta disposição das coisas provém de uma inteligência e intenção. Mas provenha seja do que for, a própria disposição de que depende a nossa felicidade ou miséria e, por conseguinte, a nossa contuda e procedimento na vida é ainda a mesma. Está-me patente a mim, bem como a vós, o orientar o comportamento, mediante a minha experiência dos eventos passados. E se afirmais que, enquanto se admite uma divina providência e uma suprema justiça distributiva no universo, eu devo aguardar alguma recompensa mais particular do bem e a punição do mal, para lá do curso ordinário dos eventos, encontro aqui a mesma falácia que antes tentei detetar. Persistis em imaginar que, se eu admitir a divina providência, pela qual tão seriamente contendeis, podeis dela à vontade tirar consequências e acrescentar algo à ordem experienciada da natureza, argumentando a partir dos atributos que outorgais aos vossos deuses. Não vos lembrais, parece, de que todos os raciocínios sobre este assunto podem apenas deduzir-se das causas para os efeitos e que cada argumento deduzido das causas para os efeitos deve necessariamente ser um grande sofisma, visto que vos é impossível conhecer algo da causa, a não ser o que, previamente, não inferistes, mas descobristes na sua máxima extensão, no efeito.

Que deve, porém, um filósofo pensar destes argumentado- **109** res frívolos que, em vez de observarem o presente espetáculo das coisas como o único objeto da sua contemplação, de tal modo invertem todo o curso da natureza que transformam esta vida em simples passagem para algo de ulterior; em átrio que conduz a um edifício maior e muitíssimo diferente; em prólogo que serve apenas para introduzir a peça e lhe dar mais graça e propriedade? Donde pensais vós que tais filósofos podem derivar a sua ideia dos deuses? Da sua própria presunção e imaginação, claro está. Se a fossem buscar aos fenómenos presentes, ela jamais indicaria algo de ulterior, mas deve rigorosamente ajustar-se a eles. Que a divindade pode *possivelmente* ser dotada

152 | INVESTIGAÇÃO SOBRE O ENTENDIMENTO HUMANO

de atributos que nunca se viram usados e que pode ser governada por princípios de ação cujo cumprimento não conseguimos descobrir, tudo isso se concederá de livre vontade. Mas, é ainda simples *possibilidade* e hipótese. Nunca podemos ter razão alguma para *inferir* nela quaisquer atributos ou quaisquer princípios de ação, exceto os que, até agora, sabemos terem sido empregues e cumpridos.

Haverá alguns sinais de uma justiça distributiva no mundo?

Se responderdes pela afirmativa, concluo que, visto a justiça ser aqui exercida, ela é satisfeita. Se replicardes pela negativa, concluo que, então, não tendes motivo para atribuir a justiça, no sentido que dela temos, aos deuses. Se ficardes numa posição média entre a afirmação e a negação, afirmando que a justiça dos deuses se exerce em parte, no presente, mas não em toda a sua extensão, respondo que não tendes nenhuma razão para lhe dar qualquer extensão particular, exceto apenas enquanto a vedes, *presentemente,* exercer-se.

110   Ponho assim, ó atenienses, um breve termo à discussão com os meus adversários. O curso da natureza está aberto à minha contemplação e também à deles. O encadeamento experienciado dos eventos é o grande padrão pelo qual dirigimos a nossa conduta. Para nada mais se pode apelar no campo ou no senado. Nada mais se deve escutar na escola ou no cubículo. Em vão irromperia o nosso entendimento limitado através destas fronteiras, que são demasiado apertadas para a crédula imaginação. Ao argumentarmos desde o curso da natureza e inferirmos uma causa inteligente particular, que, primeiro, concedeu e ainda preserva a ordem no universo, adotamos um princípio que é ao mesmo tempo incerto e inútil. É incerto, porque o objeto reside totalmente para além do alcance da experiência humana. É inútil porque, em virtude de o nosso conhecimento dessa causa ser totalmente derivado do curso da natureza, jamais podemos retroceder, segundo as regras do reto raciocínio, da causa com uma nova inferência ou fazer acrescentamentos ao habitual e experienciado curso da natureza, e estabelecer quaisquer princípios novos de conduta e comportamento.

DE UMA PROVIDÊNCIA PARTICULAR E DE UM ESTADO FUTURO | 153

Observo (digo eu, ao descobrir que ele terminara a sua **111** arenga) que não descuraste o artifício dos demagogos antigos; e como te apeteceu fazer de mim o representante do povo, insinuaste-te nas minhas boas graças ao adotar os princípios a que eu, bem sabes, sempre votei um apego particular. Mas, ao aceitares fazer da experiência (como, na realidade, eu penso que deves) o único padrão do nosso juízo a respeito desta e de outras questões de facto, não duvido que, a partir da mesmíssima experiência a que recorres, possa ser possível refutar o raciocínio que puseste na boca de Epicuro. Se visses, por exemplo, um edifício meio-acabado, rodeado de montes de tijolos, pedras e argamassa e de todos os instrumentos de alvenaria, não poderias *inferir*, a partir do efeito, que era uma obra de intenção e invenção? E, desta causa inferida, não podias retrogradar novamente e concluir que o edifício dentro em breve seria terminado e receberia todos os demais melhoramentos, que a arte lhe podia conferir? E se visses à beira-mar a marca de um pé humano, concluirias que um homem aí passara e deixara também os rastos do outro pé, embora apagados pelo rolar das areias ou pela inundação das águas. Porque recusas, então, admitir o mesmo método de raciocínio em relação à ordem da natureza? Considera o mundo e a vida presente apenas como um edifício imperfeito, a partir do qual podes inferir uma inteligência superior; argumentando a partir desta inteligência superior, que nada pode deixar imperfeito, porque é que não podes inferir um esquema ou plano mais acabado, que receberá a sua realização em algum ponto distante do espaço ou do tempo? Não são estes métodos de raciocínio exatamente similares? E sob que pretexto podes adotar um e rejeitar simultaneamente o outro?

A diferença infinita dos objetos, retorquiu ele, é um funda- **112** mento suficiente para a diferença nas minhas conclusões. Nas obras da arte e da invenção *humanas,* é admissível caminhar do efeito para a causa e retrogradar da causa para formar novas inferências relativamente ao efeito, e examinar as alterações que ele provavelmente sofreu ou pode ainda sofrer. Mas, qual é o fundamento deste método de raciocínio? Simplesmente este:

154 | INVESTIGAÇÃO SOBRE O ENTENDIMENTO HUMANO

que o homem é um ser que conhecemos pela experiência, com cujos motivos e intenção estamos familiarizados e cujos projetos e inclinações têm uma certa conexão e coerência, segundo as leis que a natureza estabeleceu para o governo de uma tal criatura. Por conseguinte, ao descobrirmos que alguma obra surgiu da habilidade e do esforço do homem, como, sob outro aspeto, conhecemos a natureza do animal, podemos tirar uma centena de inferências concernentes ao que dele se pode esperar; e tais inferências fundar-se-ão todas na experiência e na observação. Se, porém, conhecêssemos o homem apenas pela obra ou produção singular que examinamos, ser-nos-ia impossível argumentar desta maneira; porque o conhecimento de todas as qualidades que lhe atribuímos é, neste caso, derivado da produção, é impossível que elas possam indicar algo mais além, ou constituir o fundamento de uma nova inferência. A marca de um pé na areia pode unicamente provar, quando isoladamente considerada, que houve alguma figura a ela adaptada e pela qual foi produzida; mas o rasto de um pé humano prova igualmente, a partir da nossa outra experiência, que havia provavelmente outro pé, o qual também deixou a sua impressão, embora apagada pelo tempo ou por outros acidentes. Aqui, subimos do efeito à causa e, ao descer novamente da causa, inferimos alterações no efeito; mas esta não é uma continuação da mesma cadeia simples de raciocínio. Compreendemos neste caso uma centena de outras experiências e observações, relativas à figura e aos membros *usuais* desta espécie de animal, sem as quais o referido método de argumentação se deve considerar falaz e sofístico.

113   O mesmo não sucede com os nossos raciocínios a partir das obras da natureza. A Divindade somente nos é conhecida pelas suas produções e é um ente singular no universo, não compreendido em qualquer espécie ou género, e de cujos atributos ou qualidades experienciados podemos, por analogia, inferir nele algum atributo ou qualidade. Uma vez que o universo ostenta sabedoria e bondade, inferimos a sabedoria e a bondade. Porque revela um grau particular destas perfeições, inferimos um grau particular das mesmas, precisamente adaptadas ao efeito

que investigamos. Mas jamais podemos ser autorizados a inferir ou a supor, por quaisquer regras do justo raciocínio, ulteriores atributos ou mais graus dos mesmos atributos. Ora, sem uma tal permissão de suposição, é-nos impossível arguir a partir da causa, ou inferir qualquer alteração no efeito, para além do que imediatamente entrou no âmbito da nossa observação. Um maior bem produzido por tal Ente deve ainda demonstrar um maior grau de bondade; uma mais imparcial distribuição de recompensas e punições deve provir de uma mais elevada consideração pela justiça e pela equidade. Cada suposta adição às obras da natureza faz um acrescentamento aos atributos do Autor da natureza e, por conseguinte, visto que de nenhum modo é confirmada por qualquer motivo ou argumento, jamais se pode admitir a não ser como mera conjetura e hipótese[4].

A grande fonte dos nossos erros nesta matéria e da ilimitada permissão de conjetura, a que nos entregamos, é o facto de tacitamente nos considerarmos como no lugar do Ser supremo e de concluirmos que Ele, em todas as ocasiões, acatará a mesma conduta que nós próprios, na sua situação, teríamos adotado como razoável e elegível. Mas, além de que o curso ordinário

---

[4] Em geral, pode, penso eu, estabelecer-se como máxima que, onde uma causa é conhecida apenas pelos seus efeitos particulares, deve ser impossível inferir dessa causa quaisquer novos efeitos, visto que as qualidades requeridas para produzir os novos efeitos juntamente com os primeiros devem ser ou diferentes, ou superiores ou de operação mais extensa do que aquelas que simplesmente produzem o efeito, a partir do qual apenas a causa nos é supostamente conhecida. Por conseguinte, nunca podemos ter razão alguma para supor a existência de tais qualidades. Dizer que os novos efeitos provêm somente de uma continuação da mesma energia, que já conhecemos mediante os primeiros efeitos, não eliminará a dificuldade. Mesmo concedendo que seja esse o caso (o que raramente se pode supor), a própria continuação e emprego de uma energia semelhante (pois é impossível que possa ser absolutamente a mesma), digo eu, o emprego de uma energia semelhante, num diferente período de espaço e de tempo, é uma suposição muito arbitrária, e da qual não pode haver possivelmente quaisquer vestígios nos efeitos; é deles que deriva originalmente todo o nosso conhecimento da causa. Que a causa *inferida* seja exatamente proporcionada (como deve ser) ao efeito conhecido; e é impossível que ela possa possuir algumas qualidades a partir das quais se possam *inferir* efeitos novos ou diferentes.

156 | INVESTIGAÇÃO SOBRE O ENTENDIMENTO HUMANO

da natureza nos pode convencer de que quase tudo é dirigido por princípios e máximas muito diferentes dos nossos, além disto, digo eu, deve evidentemente parecer contrário a todas as regras da analogia raciocinar, desde as intenções e projetos dos homens, para os de um Ente tão diverso e tão superior. Na natureza humana, há uma certa coerência experienciada de intenções e inclinações, de tal modo que, ao termos descoberto, a partir de qualquer facto, uma intenção de algum homem, pode, muitas vezes, ser razoável, em nome da experiência, inferir outra e tirar uma longa cadeia de conclusões a respeito da conduta passada ou futura. Mas, este método de raciocínio nunca pode ter lugar relativamente a um Ente tão remoto e incompreensível, que tem muito menos analogia com qualquer outro ser no universo do que o sol com uma vela de cera, e que só se revela por alguns vestígios ou traços débeis, para lá dos quais não temos competência para lhe outorgar qualquer atributo ou perfeição. O que imaginamos ser uma perfeição superior pode, na realidade, ser um defeito. Ou, se fosse uma tal perfeição, a sua atribuição ao Ente supremo, onde ela parece não ter sido realmente exercida na sua máxima extensão, nas suas obras, sabe mais a lisonja e panegírico do que a reto raciocínio e sólida filosofia. Por conseguinte, toda a filosofia no mundo e toda a religião, que nada é senão uma espécie de filosofia, nunca conseguirão levar-nos para além do curso usual da experiência ou proporcionar-nos medidas de conduta e comportamento diferentes das que são fornecidas pelas reflexões acerca da vida comum. Nenhum facto novo se pode alguma vez inferir da hipótese religiosa; nenhum evento é possível prever ou predizer; nenhuma recompensa ou punição é de esperar ou temer, para além do que já se conhece pela prática e observação. De maneira que a minha apologia de Epicuro parecerá ainda sólida e satisfatória; e os interesses políticos da sociedade não têm qualquer conexão com as disputas filosóficas relativas à metafísica e à religião.

114   Há ainda uma circunstância, repliquei eu, que pareces ter passado por alto. Embora houvesse de aceitar as tuas premissas, devo negar a tua conclusão. Concluis que as doutrinas e os

DE UMA PROVIDÊNCIA PARTICULAR E DE UM ESTADO FUTURO | 157

raciocínios religiosos não *podem* ter nenhuma influência sobre a vida, porque não *devem* ter influência alguma, nunca considerando que os homens não pensam da mesma maneira que tu, mas tiram muitas consequências da crença numa Existência divina e supõem que a Divindade há de infligir castigos ao vício e conferir prémios à virtude, para além do que aparece no ordinário curso da natureza. Não interessa se este seu raciocínio é reto ou não. A sua influência na vida e na conduta deles deve ainda ser a mesma. E os que tentam desenganá-los de tais preconceitos podem, que eu saiba, ser bons argumentadores, mas não posso aceitar que sejam bons cidadãos e políticos, visto que libertam os homens de um freio das suas paixões e tornam, sob certo aspeto, mais fácil e segura a infração das leis da sociedade.

Em suma, posso talvez concordar com a tua conclusão geral em favor da liberdade, embora com base em premissas diferentes daquelas em que tentaste fundá-la. Penso que o Estado deve tolerar todos os princípios da filosofia e não existe caso algum em que um governo tenha sofrido nos seus interesses políticos em virtude de tal indulgência. Não há entusiasmo entre os filósofos; as suas doutrinas não são muito sedutoras para o povo e nenhum freio se pode pôr aos seus raciocínios, a não ser ao que deve ser de consequências perigosas para as ciências e mesmo para o Estado, preparando o caminho para a perseguição e a opressão em pontos em que a generalidade dos homens está mais profundamente interessada e implicada.

Mas, aqui (continuei eu), ocorre-me, a propósito do teu **115** tópico principal, uma dificuldade, que vou justamente apresentar-te, sem nela insistir, para que não nos encaminhe para raciocínios de uma natureza demasiado atraente e melindrosa. Numa palavra, duvido muito de se é possível conhecer uma causa só pelo seu efeito (como supuseste durante todo o tempo) ou de se ela é de uma natureza tão singular e particular que não tem paralelo e semelhança com qualquer outra causa ou objeto que alguma vez ingressou no âmbito da nossa observação. Só quando se descobre que duas *espécies* de objetos estão constantemente conjuntas é que podemos inferir uma da outra; e se se apresentasse um efeito que fosse inteiramente singular e não

158 | INVESTIGAÇÃO SOBRE O ENTENDIMENTO HUMANO

pudesse ser compreendido em qualquer *espécie* conhecida, não vejo que conseguíssemos formar uma conjetura ou inferência respeitante à sua causa. Se a experiência, a observação e a analogia forem, de facto, os únicos guias que podemos sensatamente seguir em inferências desta natureza, o efeito e a causa devem ter uma similitude e parecença com outros efeitos e causas, que conhecemos e que descobrimos, em muitos casos, estarem conjuntos uns com as outras. Deixo à tua própria reflexão buscar as consequências deste princípio. Observarei apenas que, por os adversários de Epicuro suporem sempre o universo, um efeito inteiramente singular e sem paralelo, como a prova de uma Divindade, uma causa não menos singular e sem paralelo, os teus raciocínios, com base nesta suposição, parecem pelo menos merecer a nossa atenção. Existe, confesso, alguma dificuldade sobre como podemos regressar da causa ao efeito e, raciocinando a partir das nossas ideias da primeira, inferir uma alteração no último, ou uma adição a ele.

Secção XII

Da filosofia académica ou cética

Parte I

Não existe maior número de raciocínios filosóficos, exibidos 116 sobre qualquer assunto, do que os que provam a existência de uma Divindade e refutam as falácias dos *ateus;* e, no entanto, os filósofos mais religiosos discutem ainda se um homem pode ser tão cego que seja um ateu especulativo. Como reconciliaremos estas contradições? O cavaleiro andante, que ia à aventura para limpar o mundo dos dragões e gigantes, nunca alimentou a menor dúvida em relação à existência desses monstros.

O *Cético* é outro inimigo da religião, que naturalmente provoca a indignação de todos os teólogos e filósofos mais meditabundos, embora seja certo que ninguém encontrou alguma vez uma tal absurda criatura, ou conversou com um homem que não tivesse nenhuma opinião ou princípio relativo a qualquer assunto, quer de ação ou de especulação. Isto gera uma questão muito natural: o que é que significa ser um cético? E até que ponto é possível instigar os princípios filosóficos da dúvida e da incerteza?

Existe uma espécie de ceticismo, *antecedente* a todo o estudo e filosofia, que é muito inculcada por Descartes e outros, como o preservativo soberano contra o erro e o juízo precipitado. Recomenda uma dúvida universal, não só de todas as nossas opiniões e princípios anteriores, mas também das nossas próprias faculdades, de cuja veracidade, dizem eles, nos devemos

160 | INVESTIGAÇÃO SOBRE O ENTENDIMENTO HUMANO

assegurar mediante uma cadeia de raciocínio deduzida de algum princípio original que, possivelmente, não pode ser falaz ou enganador. Mas, não existe um tal princípio original, que tenha uma prerrogativa sobre os outros, que são autoevidentes e convincentes; ou, se houvesse, não poderíamos avançar um passo para além dele, exceto mediante o uso das próprias faculdades, de que supostamente já desconfiamos. Por conseguinte, a dúvida cartesiana, se alguma vez fosse possível a uma criatura humana atingi-la (na realidade, não é), seria inteiramente incurável e nenhum raciocínio nos poderia introduzir num estado de certeza e convicção acerca de qualquer matéria.

Deve, no entanto, confessar-se que esta espécie de ceticismo, quando mais moderada, se pode entender num sentido muito aceitável, e constitui um preparativo necessário ao estudo da filosofia, ao salvaguardar uma imparcialidade correta nos nossos juízos e ao apartar a nossa mente de todos os preconceitos de que nos possamos ter imbuído pela educação ou pela opinião temerária. Começar com princípios claros e distintos, avançar mediante passos cautelosos e seguros, rever frequentemente as nossas conclusões e examinar minuciosamente todas as suas consequências – embora por estes meios venhamos a fazer um lento e pequeno progresso nos nossos sistemas, são os únicos métodos pelos quais podemos esperar alcançar a verdade e obter uma estabilidade e certeza genuína nas nossas determinações.

117 Há outra espécie de ceticismo, *consequente* à ciência e à inquirição, quando se supõe que os homens descobriram, ou o caráter absolutamente ilusório das suas faculdades mentais, ou a sua inadequação para atingir qualquer determinação fixa em todos os curiosos objetos de especulação em que habitualmente se empregam. Até mesmo os nossos próprios sentidos são postos em questão por uma certa espécie de filósofos; e as máximas da vida comum são sujeitas à mesma dúvida, tal como os mais profundos princípios ou conclusões da metafísica e da teologia. Dado que estas doutrinas paradoxais (se é que podem chamar-se doutrinas) se encontrarão em alguns filósofos e a refutação delas em vários, suscitam naturalmente a nossa

DA FILOSOFIA ACADÉMICA OU CÉTICA

curiosidade e levam-nos a pesquisar argumentos em que elas se possam fundar.

Não preciso de insistir nos tópicos mais banais, utilizados pelos céticos em todas as épocas, contra a evidência dos *sentidos*, como, por exemplo, os derivados da imperfeição e do caráter ilusório dos nossos órgãos, em inumeráveis ocasiões; a aparência torcida de um remo na água; os vários aspetos dos objetos, segundo as suas diferentes distâncias; as imagens duplas que resultam da pressão num olho; e muitas outras aparências de natureza semelhante. Estes tópicos céticos, de facto, são apenas suficientes para provar que não se deve, implicitamente, depender apenas dos sentidos, mas que devemos corrigir a sua evidência pela razão e por considerações derivadas da natureza do meio, da distância do objeto e da disposição do órgão, a fim de deles fazer, dentro do seu âmbito, os *critérios* genuínos da verdade e da falsidade. Há outros argumentos mais profundos contra os sentidos, que não acatam uma solução tão fácil.

Parece evidente que os homens são levados, por um instinto ou predisposição natural, a depositar fé nos sentidos; e que, sem qualquer raciocínio ou mesmo quase antes do uso da razão, supomos sempre um universo externo, que não depende da nossa perceção, mas existiria, ainda que nós e todas as criaturas sensíveis estivéssemos ausentes ou fôssemos aniquilados. Até mesmo o mundo animal é governado por uma opinião semelhante e preserva a crença dos objetos externos em todos os seus pensamentos, intenções e ações.

Parece também evidente que, ao seguirem este cego e poderoso instinto da natureza, os homens supõem sempre que as próprias imagens, apresentadas pelos sentidos, são os objetos externos e nunca alimentam qualquer suspeita de que umas nada são exceto representações dos outros. Pensa-se que esta mesa aqui, que vemos ser branca e cuja dureza sentimos, existe independentemente da nossa perceção e é algo de externo à nossa mente, que a percebe. A nossa presença não lhe confere o ser; a nossa ausência não a aniquila. Ela salvaguarda a sua existência uniforme e inteira, independentemente da situação dos seres inteligentes, que a percebem ou contemplam.

162 | INVESTIGAÇÃO SOBRE O ENTENDIMENTO HUMANO

Esta opinião universal e primitiva de todos os homens, porém, cedo é destruída pela filosofia mais trivial, a qual nos ensina que nada pode estar presente à mente a não ser uma imagem ou perceção, e que os sentidos são apenas as entradas por onde as imagens são transportadas, sem conseguirem suscitar uma comunicação imediata entre a mente e o objeto. A mesa, que vemos, parece diminuir, à medida que dela mais nos afastamos, mas a mesa real, que existe independentemente de nós, não sofre nenhuma alteração; não passava, pois, da sua imagem, que estava presente à mente. Eis os óbvios ditames da razão; e nenhum homem que reflita alguma vez duvidou que as existências, por nós consideradas ao dizermos *esta casa* e *aquela árvore*, são unicamente perceções na mente e cópias ou representações fugidias de outras existências, que permanecem uniformes e independentes.

119   Até agora, pois, somos forçados pelo raciocínio a contradizer ou a apartar-nos dos instintos primitivos da natureza e a adotar um novo sistema em relação à evidência dos sentidos. Mas a filosofia encontra-se aqui extremamente embaraçada, ao ter de justificar este novo sistema e neutralizar as cavilações e as objeções dos céticos. Não mais pode defender o instinto infalível e irresistível da natureza, porque isso nos levou a um sistema completamente diferente, que se reconhece ser falível e até erróneo. E justificar o pretenso sistema filosófico por meio de uma cadeia de argumentos claros e convincentes, ou mesmo mediante uma aparência de argumentação, excede o poder de toda a capacidade humana.

Mediante que argumento se pode demonstrar que as perceções da mente devem ser causadas por objetos externos, totalmente diferentes delas, embora com elas se parecendo (se isso é possível), e que não podiam surgir ou da energia da própria mente, ou da sugestão de algum espírito invisível e desconhecido, ou de uma outra causa ainda mais incógnita para nós? Sabe-se que, de facto, muitas das perceções não brotam de algo externo, como nos sonhos, na loucura e noutras doenças. E nada pode ser mais inexplicável do que a maneira como corpo tem de agir sobre a mente, a fim de transmitir uma ima-

DA FILOSOFIA ACADÉMICA OU CÉTICA | 163

gem de si mesmo a uma substância de natureza supostamente tão diversa e mesmo contrária.

É uma questão de facto se as perceções dos sentidos são produzidas por objetos externos, a elas semelhantes: como irá decidir-se tal questão? Pela experiência, certamente, como todas as outras questões de natureza similar. Mas, aqui, a experiência é e deve ser inteiramente muda. A mente nunca tem algo presente a si a não ser as perceções e, possivelmente, não pode obter qualquer experiência da sua conexão com os objetos. Por conseguinte, a suposição de uma tal conexão é desprovida de todo o fundamento no raciocínio.

Recorrer à veracidade do Ser supremo para demonstrar **120** a veracidade dos nossos sentidos é, sem dúvida, realizar um circuito muito inesperado. Se a sua veracidade estivesse nesta matéria deveras implicada, os nossos sentidos seriam totalmente infalíveis, porque não é possível que Ele nos possa enganar. Sem falar em que, se o mundo externo se puser uma vez em questão, não saberemos como arranjar argumentos pelos quais possamos provar a existência desse Ser ou de algum dos seus atributos.

Eis, pois, um tópico em que os céticos mais profundos e **121** mais filosóficos sempre triunfarão, ao tentarem introduzir uma dúvida universal em todos os objetos do conhecimento e da inquirição humana. Segues os instintos e as inclinações da natureza, podem eles dizer, ao dares o assentimento à veracidade dos sentidos? Mas estes levam-te a crer que a própria perceção ou imagem sensível é o objeto externo. Rejeitas este princípio a fim de adotares uma opinião mais racional, segundo a qual as perceções são apenas representações de algo externo? Apartas-te aqui das inclinações naturais e de sentimentos mais óbvios; e, no entanto, não conseguem satisfazer a tua razão, que jamais pode encontrar um argumento convincente derivado da experiência para provar que as perceções têm uma conexão com os objetos externos.

Há outro tópico cético de natureza semelhante, proveniente **122** da filosofia mais profunda, que podia merecer a nossa atenção, se ele fosse necessário para mergulhar tão fundo a fim de desco-

164 INVESTIGAÇÃO SOBRE O ENTENDIMENTO HUMANO

brirmos os argumentos e raciocínios que muito pouco podem servir para algum propósito. É universalmente admitido pelos investigadores modernos que todas as qualidades sensíveis dos objetos, como a dureza, a brandura, o calor, o frio, a brancura, o preto, etc., são meramente secundárias e não existem nos próprios objetos, mas são perceções da mente, sem arquétipo ou modelo externo, que elas representam. Se isto se aceita relativamente às qualidades secundárias, deve também seguir-se no tocante às supostas qualidades primárias da extensão e da solidez; as últimas não podem ter um direito maior a esta denominação do que as primeiras. A ideia de extensão é plenamente adquirida a partir dos sentidos da vista e do tato; e, se todas as qualidades, percebidas pelos sentidos, estão na mente e não no objeto, a mesma conclusão deve abarcar a ideia de extensão, que é totalmente dependente das ideias sensíveis ou das ideias de qualidades secundárias. Nada nos pode livrar desta conclusão, exceto a asserção de que as ideias das qualidades primárias se obtêm por *abstração,* uma opinião que, se a examinarmos com rigor, acharemos ininteligível e até absurda. Uma extensão, que não é nem tangível nem visível, não consegue possivelmente conceber-se; e uma extensão tangível ou visível, que não é nem dura nem macia, nem preta nem branca, encontra-se igualmente para além do âmbito da conceção humana. Que um homem tente conceber um triângulo em geral, que não é nem *isósceles* nem *escaleno,* nem tem qualquer comprimento particular ou proporção dos lados, e depressa perceberá a absurdidade de todas as noções escoláticas relativamente à abstração e às ideias gerais([1]).

([1]) Este argumento é tirado do Dr. Berkeley; na verdade, a maior parte dos escritos deste autor muito hábil forma as melhores lições de ceticismo que venham a encontrar-se entre os filósofos antigos ou modernos, sem abrir exceção para Bayle. Ele afirma, porém, no frontispício (e, sem dúvida, com grande verdade), que compôs o seu livro contra os céticos, os ateus e os livres-pensadores. Mas que todos os seus argumentos, embora de intenção diferente, são efetivamente só céticos ressalta do facto de *não aceitarem nenhuma resposta e de não produzirem nenhuma convicção.* O seu único efeito é causar o assombro momentâneo, a irresolução e a confusão, que é o resultado do ceticismo.

DA FILOSOFIA ACADÉMICA OU CÉTICA | 165

Portanto, a primeira objeção filosófica à evidência dos sen- **123** tidos ou à opinião da existência externa consiste no facto de que uma tal opinião, se firmada no instinto natural, é contrária à razão e, se referida à razão, é contrária ao instinto natural e, ao mesmo tempo, não traz em si nenhuma evidência racional para convencer um inquiridor imparcial. A segunda objeção vai mais além e representa essa opinião como contrária à razão; pelo menos, se for um princípio da razão que todas as qualidades sensíveis se encontram na mente, e não no objeto. Despojai a matéria de todas as suas qualidades inteligíveis, primárias e secundárias, aniquilai-a de alguma maneira e deixai apenas um certo *algo* desconhecido, inexplicável, como causa das nossas perceções; uma noção tão imperfeita que nenhum cético pensará que vale a pena lutar contra ela.

Parte II

Pode parecer uma tentativa muito estranha dos céticos **124** destruir a *razão* por meio dos argumentos e do raciocínio, no entanto, é este o grande escopo de todas as suas inquirições e disputas. Tentam encontrar objeções aos nossos raciocínios abstratos e aos que dizem respeito à questão de facto e à existência.

A principal objeção contra todos os raciocínios *abstratos* provém das ideias de espaço e de tempo, ideias que, na vida comum e para uma inspeção descuidada, são muito claras e inteligíveis, mas, quando passam pelo escrutínio das ciências profundas (e elas são o objeto principal das referidas ciências), proporcionam princípios que parecem repletos de absurdidade e de contradição. Nenhuns *dogmas* eclesiásticos, inventados com o propósito de domesticar e subjugar a razão rebelde da humanidade, alguma vez ofenderam mais o sentido comum do que a doutrina da infinita divisibilidade da extensão, com as suas consequências, tal como pomposamente são exibidas por todos os geómetras e metafísicos, com uma espécie de triunfo e exultação. Uma quantidade real, infinitamente menor do que qualquer quantidade finita, contendo quantidades infinitamente

166 | INVESTIGAÇÃO SOBRE O ENTENDIMENTO HUMANO

menores do que ela própria, e assim sucessivamente *in infinitum;* eis um edifício tão ousado e prodigioso que é demasiado pesado para ser apoiado por uma pretensa demonstração, porque ofende os mais claros e os mais naturais princípios da razão humana[2]. Mas, o que torna a questão mais extraordinária é que estas opiniões aparentemente absurdas são apoiadas por uma claríssima e muito natural cadeia de raciocínio e não nos é possível aceitar as premissas sem admitir as consequências. Nada pode ser mais convincente e satisfatório do que todas as conclusões acerca das propriedades dos círculos e dos triângulos; e, no entanto, uma vez estas aceites, como podemos negar que o ângulo de contacto entre um círculo e a sua tangente é infinitamente menor do que qualquer ângulo retilíneo; que, à medida que aumentais o diâmetro do círculo *in infinitum,* o ângulo de contacto se torna ainda menor, mesmo *in infinitum,* e que o ângulo de contacto entre outras curvas e as suas tangentes pode ser infinitamente menor do que os ângulos entre um círculo e as suas tangentes, e assim por diante, *in infinitum?* A demonstração de tais princípios parece tão irrepreensível como a que prova que os três ângulos de um triângulo são iguais a dois retos, embora a última opinião seja natural e fácil, e a primeira, grávida de contradição e absurdidade. A razão parece, aqui, estar lançada numa espécie de assombro e de expectativa que, sem as sugestões de qualquer cético, lhe inspira uma desconfiança de si mesma e do chão sobre que caminha. Ela vê uma luz plena, que ilumina certos lugares, mas tal luz confina com a mais profunda escuridão. E, entre estas, ela encontra-se

---

[2] Sejam quais forem as disputas que possa haver acerca de pontos matemáticos, devemos admitir que há pontos físicos, isto é, partes de extensão, que não podem dividir-se ou encurtar-se, nem pelo olho da imaginação. Portanto, as imagens, que estão presentes à fantasia ou aos sentidos, são absolutamente indivisíveis e, por conseguinte, devem ser admitidas pelos matemáticos como sendo infinitamente menores do que qualquer parte real da extensão; e, não obstante, nada mais certo parece à razão do que um número infinito delas componha uma extensão infinita. Quanto mais um número infinito dessas partes infinitamente pequenas da extensão, que, por suposição, são ainda infinitamente divisíveis?!

DA FILOSOFIA ACADÉMICA OU CÉTICA | 167

tão ofuscada e confundida que dificilmente se pode pronunciar com certeza e segurança acerca de algum objeto.

A absurdidade das ousadas determinações das ciências abs- **125** tratas parece, se possível, tornar-se ainda mais palpável em relação ao tempo do que ao espaço. Um número infinito de partes reais do tempo, fluindo em sucessão e exauridas uma após outra, parece uma contradição tão evidente que, assim se pensaria, ninguém, cujo juízo não é corrompido, em vez de ser melhorado, pelas ciências, alguma vez seria capaz de a admitir.

Contudo, a razão deve ficar insatisfeita e inquieta mesmo relativamente ao ceticismo a que é impelida por essas aparentes absurdidades e contradições. Como é que uma ideia clara e distinta pode conter circunstâncias contraditórias para si mesma ou para outra ideia clara e distinta é absolutamente incompreensível; e é, talvez, tão absurda como qualquer proposição que se possa formar. Assim, nada pode ser mais cético ou mais cheio de dúvida e hesitação do que este mesmo ceticismo que promana de algumas das conclusões paradoxais da geometria ou da ciência da quantidade([3]).

([3]) Não me parece que seja impossível evitar tais absurdidades e contradições, se se admitir que não existe uma coisa assim como as ideias abstratas ou gerais, para falar com propriedade, mas que todas as ideias gerais são, na realidade, ideias particulares, ligadas a um termo geral, que evoca, com base na ocasião, outros termos particulares, os quais, em certas circunstâncias, se assemelham à ideia que está presente à mente. Assim, quando se pronuncia o termo Cavalo, imediatamente imaginamos para nós mesmos a ideia de um animal preto ou branco, de tamanho ou figura particular; mas, como este termo se aplica também habitualmente a animais de outras cores, tamanhos e figuras, tais ideias, embora não atualmente presentes à imaginação, com facilidade se evocam; e o nosso raciocínio e conclusão prosseguem da mesma maneira, como se elas estivessem atualmente presentes. Se se admitir isto (como parece razoável), segue-se que todas as ideias de quantidade, com base nas quais os matemáticos pensam, não passam de ideias particulares e, como tais, são sugeridas pelos sentidos e pela imaginação e, por conseguinte, não podem ser infinitamente divisíveis. Basta, por agora, ter lançado esta sugestão, sem a explorar mais. Interessa, certamente, a todos os amantes da ciência não se exporem ao ridículo e ao desprezo do ignorante por causa das suas conclusões; e parece ser esta a solução mais rápida das referidas dificuldades.

168 | INVESTIGAÇÃO SOBRE O ENTENDIMENTO HUMANO

126   As objeções céticas à evidência *moral* ou aos raciocínios acerca de questões de facto são ou *populares* ou *filosóficas*. As objeções populares derivam da fraqueza natural do entendimento humano; as opiniões contraditórias, que se fomentaram em diferentes épocas e nações, as variações do nosso juízo na doença e na saúde, na juventude e na velhice, na prosperidade e na adversidade, a perpétua contradição das opiniões e sentimentos de cada homem particular; e muitos outros tópicos deste género. E inútil insistir mais neste ponto. Tais objeções são fracas. Visto que, na vida ordinária, raciocinamos a todo o momento acerca do facto e da existência e, possivelmente, não podemos subsistir sem continuamente empregarmos esta espécie de argumento, quaisquer objeções populares daí derivadas devem ser insuficientes para destruir tal evidência. O grande subversor do *pirronismo* ou dos princípios excessivos do ceticismo é a ação, o trabalho e as ocupações da vida comum. Esses princípios podem florescer e triunfar nas escolas, onde, efetivamente, é difícil, se não impossível, refutá-los. Mas, logo que abandonam a sombra e, em virtude da presença dos objetos reais, que movem as nossas paixões e sentimentos, entram em oposições com os mais poderosos princípios da nossa natureza, esvanecem-se como fumo e deixam o cético mais decidido na mesma condição que os outros mortais.

127   Por conseguinte, era melhor que o cético se conservasse dentro da sua própria esfera e exibisse as objeções *filosóficas*, que brotam de pesquisas mais profundas. Aqui, parece ter ele ampla matéria de triunfo, ao insistir justamente que toda a nossa evidência em favor de alguma questão de facto que resida para além do testemunho dos sentidos ou da memória provém inteiramente da relação de causa e efeito; que não temos nenhuma outra ideia desta relação exceto a de dois objetos que, frequentemente, têm estado *conjuntos;* que não possuímos argumento algum para nos convencer de que os objetos, tendo estado, na nossa experiência, frequentemente conjuntos, se encontrarão também conjuntos da mesma maneira, noutros casos; e que nada nos conduz a tal inferência, exceto o costume ou um certo instinto da nossa natureza; realmente, é difí-

DA FILOSOFIA ACADÉMICA OU CÉTICA | 169

cil resistir-lhes, mas, tal como outros instintos, pode ser falaz e enganador. Ao insistir nestes tópicos, o cético mostra a sua força ou, antes, a sua própria e a nossa fraqueza e parece, pelo menos em relação ao tempo, eliminar toda a certeza e convicção. Estes argumentos podiam expor-se com maior amplitude, se fosse possível contar com a obtenção, a partir deles, de algum bem ou benefício duradoiro para a sociedade.

Eis aqui a principal e a mais perturbante objeção ao ceti- **128** cismo *excessivo:* nenhum bem duradoiro pode alguma vez dele resultar, enquanto permanecer na sua plena força e vigor. Precisamos apenas de perguntar a um tal cético: *Qual é o seu significado? E que propõe ele mediante todas essas curiosas investigações?* Sente-se imediatamente atrapalhado e não sabe o que responder. Um coperniciano ou um ptolomaico, cada qual apoiando o seu diferente sistema de astronomia, podem esperar suscitar uma convicção, que permanecerá constante e duradoira, no seu auditório. Um estoico ou um epicurista expõem princípios, que talvez não sejam duradoiros, mas que têm um efeito sobre a conduta e o comportamento. Mas um pirrónico não pode esperar que a sua filosofia venha a ter uma influência constante sobre a mente; ou, se a tivesse, que a sua influência venha a ser benéfica para a sociedade. Pelo contrário, ele deve reconhecer, se é que admite alguma coisa, que toda a vida humana teria de perecer, se os seus princípios prevalecessem de maneira universal e permanente. Cessaria imediatamente todo o discurso e toda a ação; os homens ficam numa total letargia, até que as necessidades da natureza, insatisfeitas, ponham fim à sua miserável existência. É verdade, não há que temer muito um evento tão fatal. A natureza é sempre demasiado forte para o princípio. E embora um pirrónico possa lançar-se a si ou a outros para um momentâneo assombro e confusão em virtude dos seus raciocínios profundos, o primeiro e mais trivial evento da vida irá pôr em fuga todas as dúvidas e escrúpulos e deixá-lo em pé de igualdade, em cada ponto da ação e da especulação, com os filósofos de todas as outras seitas ou com aqueles que nunca se preocuparam com quaisquer inquirições filosóficas. Ao acordar do seu sonho, será o primeiro a tomar parte no riso

170 | INVESTIGAÇÃO SOBRE O ENTENDIMENTO HUMANO

contra si próprio e a confessar que todas as suas objeções são puro divertimento e não podem ter propensão alguma, exceto revelar a condição extravagante da humanidade, que deve agir, pensar e crer; embora não consigam, pela sua mais diligente inquirição, satisfazer-se a respeito do fundamento dessas operações ou eliminar as objeções que contra elas se podem levantar.

Parte III

129 Há, de facto, um ceticismo mais *mitigado* ou uma filosofia *académica* que podem ser duradoiros e úteis e que, em parte, talvez sejam o resultado deste pirronismo, ou ceticismo *excessivo,* quando as suas dúvidas vulgares são, em certa medida, corrigidas pelo sentido comum e pela reflexão. Os homens, na sua maioria, são naturalmente inclinados a ser afirmativos e dogmáticos nas opiniões; ao verem os objetos apenas de um lado e sem terem nenhuma ideia de qualquer argumento que sirva de contrapeso, atiram-se precipitadamente aos princípios para que se sentem inclinados, e são sem indulgência para com os que alimentam sentimentos contrários. Hesitar ou oscilar torna perplexo o seu entendimento, reprime a sua paixão e suspende a sua ação. Estão, pois, impacientes até se subtraírem a um estado que lhes é tão incómodo, e pensam que nunca dele se poderão afastar suficientemente pela violência das suas afirmações e pela obstinação da sua crença. Mas, se estes argumentadores dogmáticos pudessem tornar-se conscientes das estranhas enfermidades do entendimento humano, mesmo no seu mais perfeito estado e quando mais rigoroso e circunspecto é nas suas determinações, uma tal reflexão inspirar-lhes-ia naturalmente maior modéstia e reserva e atenuaria a opinião simplória deles mesmos e o seu preconceito contra os antagonistas. O iletrado pode refletir sobre a disposição dos letrados, que, entre todas as vantagens do estudo e da reflexão, são ainda habitualmente diferentes nas suas determinações; e se alguns dos letrados forem, por temperamento natural, inclinados à arrogância e à obstinação, uns laivos de pirronismo podiam mitigar o seu orgu-

DA FILOSOFIA ACADÉMICA OU CÉTICA | 171

lho, mostrando-lhes que as poucas vantagens que talvez obtivessem sobre os companheiros são insignificantes, se comparadas com a universal perplexidade e confusão inerente à natureza humana. Em geral, há um grau de dúvida, de prudência e de modéstia que, em todos os géneros de escrutínio e de decisão, deve para sempre acompanhar um exato argumentador. Outra espécie de ceticismo *mitigado,* que pode ser vanta- **130** josa para a humanidade e que talvez seja em parte o resultado natural das dúvidas e escrúpulos pirrónicos, é a limitação das nossas inquirições a objetos tais que se ajustem otimamente à estreita capacidade do entendimento humano. *A imaginação* do homem é naturalmente sublime, deleita-se com tudo o que é remoto e extraordinário e foge, sem controlo, para as mais distantes partes do espaço e do tempo, a fim de evitar os objetos que o costume lhe tornou demasiado familiares. Um *juízo* correto segue um método diferente e, ao evitar todas as investigações distantes e elevadas, confina-se à vida ordinária e aos assuntos que entram no âmbito da prática e da experiência diárias, deixando os tópicos mais sublimes ao embelezamento dos poetas e oradores ou à arte dos sacerdotes e políticos. Para nos trazer a uma tão salutar determinação, nada pode ser mais vantajoso do que convencer-se perfeitamente uma vez da força da dúvida pirrónica e da impossibilidade de que alguma coisa, a não ser o forte poder do instinto natural, dela nos possa livrar. Os que possuem uma inclinação para a filosofia, persistirão ainda nas suas inquirições, porque consideram que, além do prazer imediato que acompanha semelhante ocupação, as decisões filosóficas nada são exceto as reflexões da vida comum, metodizadas e corrigidas. Mas nunca serão tentados a ir além da vida comum enquanto prestarem atenção à imperfeição das faculdades que empregam, ao seu curto alcance e às suas operações pouco rigorosas. Enquanto não pudermos fornecer uma razão satisfatória por que cremos, após mil experimentos, que uma pedra cairá ou o fogo queimará, conseguiremos alguma vez satisfazer-nos relativamente a qualquer determinação que possamos formar acerca da origem dos mundos e da situação da natureza desde e para a eternidade?

172 INVESTIGAÇÃO SOBRE O ENTENDIMENTO HUMANO

Efetivamente, a acanhada limitação das nossas investigações é, sob todos os aspetos, tão aceitável que basta fazer o mais pequeno exame dos poderes naturais da mente humana e compará-los com os seus objetos para no-la recomendar. Iremos, pois, ver quais são os assuntos apropriados da ciência e da inquirição.

131 Parece-me que os únicos objetos da ciência abstrata ou da demonstração são a quantidade e o número, e que todas as tentativas para estender esta espécie mais perfeita do conhecimento além de tais limites são simples sofisma e ilusão. Como as partes componentes da quantidade e do número são inteiramente similares, as suas relações tornam-se intricadas e complicadas; e nada pode ser mais curioso, bem como útil, do que investigar, mediante uma variedade de meios, a sua igualdade ou desigualdade, através das suas diferentes aparências. Mas, visto que todas as outras ideias são claramente distintas e diferentes entre si, nunca podemos ir mais além, mediante o nosso extremo escrutínio, do que observar essa diversidade e, mediante uma reflexão óbvia, anunciar que uma coisa não é a outra. Ou, se houver alguma dificuldade nestas decisões, ela provém inteiramente do significado indeterminado das palavras, que é corrigido por definições mais exatas. Que o *quadrado da hipotenusa é igual à soma dos quadrados dos outros dois lados* não pode saber-se, estando os termos rigorosamente definidos, sem um encadeamento de raciocínio e de investigação. Mas, para nos convencermos da proposição *onde não existe propriedade, não pode haver injustiça*, é apenas necessário definir os termos e explicar que a injustiça é uma violação da propriedade. Esta proposição não é, de facto, senão uma definição mais imperfeita. O mesmo sucede com todos os pretensos raciocínios silogísticos que se podem encontrar em todos os outros ramos do saber, exceto as ciências da quantidade e do número; só destas, penso eu, se pode dizer com segurança que constituem os únicos objetos adequados do conhecimento e da demonstração.

132 Todas as restantes inquirições dizem respeito apenas à questão de facto e à existência; e estas são evidentemente incapazes de demonstração. Tudo o que *é* pode *não ser*. Nenhuma

DA FILOSOFIA ACADÉMICA OU CÉTICA

negação de um facto pode implicar uma contradição. A não existência de um ser é, sem exceção, uma ideia tão clara e distinta como a sua existência. A proposição afirmando que ele não existe, embora falsa, não é menos concebível e inteligível do que aquela asserindo que ele existe. As coisas passam-se de modo diferente com as ciências, corretamente assim chamadas. Cada proposição que não seja verdadeira é aí confusa e ininteligível. Que a raiz cúbica de 64 igual à metade de 10, constitui uma proposição falsa e nunca pode conceber-se distintamente. Mas, que César, ou o anjo Gabriel, ou algum ser nunca tivesse existido, pode ser uma proposição falsa, mas é ainda perfeitamente concebível e não implica contradição.

Por conseguinte, a existência de um ente pode apenas ser provada por argumentos a partir da sua causa ou do seu efeito; tais argumentos fundam-se inteiramente na experiência. Se pensarmos *a priori*, qualquer coisa pode surgir capaz de produzir alguma coisa. A queda de um seixo pode, que saibamos, extinguir o sol, ou o desejo de um homem controlar os planetas nas suas órbitas. Só a experiência é que nos ensina a natureza e os limites da causa e do efeito e nos capacita para inferirmos a existência de um objeto a partir da de outro[4]. Tal é o fundamento do raciocínio moral, que forma a maior parte do conhecimento humano e é a fonte de toda a ação e comportamento humanos.

Os raciocínios morais dizem respeito ou a factos particulares ou a factos gerais. As deliberações todas da vida concernem aos primeiros, bem como todas as disquisições em história, cronologia, geografia e astronomia.

As ciências que tratam de factos gerais são a política, a filosofia natural, a física, a química, etc., onde se investigam as qualidades, causas e efeitos de uma espécie inteira de objetos.

---

[4] A máxima ímpia da filosofia antiga, *Ex nihilo, nihil fit,* pela qual era excluída a criação da matéria, deixa de ser uma máxima, segundo a presente filosofia. Não só a vontade do Ser supremo pode criar a matéria, mas, que *a priori* saibamos, a vontade de qualquer outro ser a podia criar, ou qualquer outra causa que a mais extravagante imaginação pode indicar.

174 | INVESTIGAÇÃO SOBRE O ENTENDIMENTO HUMANO

O estudo sagrado ou teologia, visto provar a existência de uma divindade e a imortalidade das almas, é composta em parte de raciocínios relativos a factos particulares e, em parte, de argumentos atinentes a factos gerais. Tem um fundamento na *razão*, na medida em que se apoiar na experiência. Mas os seus melhores e mais sólidos fundamentos são a *fé* e a revelação divina.

A moral e a crítica não são tão adequadamente objetos do entendimento como do gosto e do sentimento. A beleza, moral ou natural, é mais sentida do que percebida. Ou, se pensarmos a seu respeito e tentarmos fixar o seu padrão, tomamos em consideração um novo facto, isto é, os gostos gerais da humanidade ou algum facto que pode constituir o objeto do raciocínio e da inquirição.

Ao passarmos os olhos pelas bibliotecas, persuadidos destes princípios, que devastação devemos fazer? Se pegarmos num volume de teologia ou de metafísica escolástica, por exemplo, perguntemos: *Contém ele algum raciocínio acerca da quantidade ou do número?* Não. *Contém ele algum raciocínio experimental relativo à questão de facto e à existência?* Não. Lançai-o às chamas, porque só pode conter sofisma e ilusão.

Índice Analítico

(Os números indicam, não as páginas, mas as secções marginais do texto)

Abstração – não é fonte das ideias das qualidades primárias, 122.

Abstratas – ideias, realmente particulares, 125 *n*.

Académica – filosofia, 34.

Acaso – ignorância das causas, 46; não existe, 74 (v. *Causa*, B).

Ação – e filosofia, 1, 4, 34, 128.

Addison – 4.

Alma – e corpo, 52.

Analogia – uma espécie de, o fundamento de todos o raciocínio sobre questão de facto, 82.

Animais – a razão dos, 82-85; aprendem a partir da experiência e tiram inferências, 83; que apenas se podem basear no costume, 84; causa da diferença entre homens e animais, 84 *n*.

Antiguidade – 62.

Aparências – os sentidos devem ser corrigidas pela razão, 117.

A priori – 25, 36 *n*, 89 *n*, 132, 132 *n*.

Aristóteles – 4.

Associação – de ideias, três princípios da, 18-19, 41-44 (v. *Causa*, C).

Ateísmo – 116.

Bacon – 99.

Berkeley – verdadeiramente cético, 122 *n*.

Castigo – requer doutrinas da necessidade e da liberdade, 76 (v. *Necessidade*).

Causa – primeira (v. *Deus, Necessidade*, 78-81; *Providência*, 102-115, 132 *n*.)

Causa – um princípio de associação das ideias, 19-43; único fundamento dos raciocínios acerca da questão de facto ou da existência real, 22.

176 | INVESTIGAÇÃO SOBRE O ENTENDIMENTO HUMANO

A. *O Conhecimento das causas brota da experiência, não da razão,* 23-33.

Os raciocínios *a priori* não fornecem nenhum conhecimento da causa e efeito, 23 ss.; impossível ver o efeito na causa, porque são totalmente diferentes, 25; a filosofia natural nunca pretende assinalar causas últimas, mas apenas reduzir as causas a algumas causas gerais, por ex., gravidade, 26; a geometria aplica as leis obtidas por experiência, 27.

As conclusões a partir da experiência não baseadas em qualquer processo do entendimento, 28; no entanto, inferimos no futuro uma conexão entre qualidades conhecidas das coisas e os seus poderes secretos, similar à que assumimos no passado. Em que se funda tal inferência, 29; o raciocínio demonstrativo não tem aqui lugar, e todo o raciocínio experimental pressupõe a semelhança do futuro com o passado, e não pode prová-la sem se tornar circular, 30, 32; se o raciocínio fosse a base desta crença, não haveria necessidade de multiplicar os casos, ou de uma longa experiência, 31; contudo, as conclusões acerca da questão de facto são afetadas pela experiência mesmo nos animais e nas crianças, de modo que não podem apoiar-se no raciocínio abstruso, 33, 82-84; para explicar as nossas inferências a partir da experiência, requer-se um princípio de peso e autoridade iguais aos da razão, 34.

B. *O Costume capacita-nos para inferir a existência de um objeto a partir do aparecimento de outro,* 35-38.

A experiência torna-nos capazes de atribuir aos objetos mais do que uma conexão arbitrária, 35; somos a isso determinados pelo costume ou pelo hábito, que é o grande guia da vida humana, 36; mas a nossa inferência deve basear-se em algum facto presente aos sentidos ou à memória, 37; a conjunção habitual entre um e outros objetos suscita uma operação da alma que é tão inevitável como o amor, 38; os animais inferem também, por costume, de um evento para outro, 82-84; no homem e nos animais, o raciocínio experimental depende de uma espécie de instinto ou poder mecânico que atua em nós e nos é desconhecido, 85.

C. *Crença,* 39-45.

A crença difere da ficção ou dos devaneios soltos da fantasia por ação de algum sentimento a ela adstrito, 39; a crença não pode

ÍNDICE ANALÍTICO | 177

definir-se, mas pode descrever-se como uma conceção mais viva, mais forte, mais firme e mais estável de um objeto do que se pode obter pela simples imaginação, 40; é produzida pelos princípios da associação, a saber, semelhança, 41; contiguidade, 42; causação, 43; por uma espécie de harmonia pré-estabelecida entre o curso da natureza e as nossas ideias, 44; esta operação das nossas mentes é necessária para a nossa subsistência e, portanto, foi confiada pela natureza ao instinto e não ao raciocínio, 45.

Probabilidade – 46-47.

A crença, produzida por uma maioria de ocorrências mediante uma invenção inexplicável da Natureza, 46 (cf. 87-88); habilidade das causas: o fracasso de uma causa, atribuído a uma causa antagónica secreta, 47 (cf. 67); admite-se universalmente que o acaso, quando estritamente examinado, é uma simples palavra negativa, 74.

D. *Poder,* 49-57.

O poder, a força, a energia, a conexão necessária devem definir-se pela análise ou explicar-se pela produção da impressão de que são copiadas, 49; a partir do primeiro aparecimento de um objeto não podemos predizer o seu efeito: não podemos divisar o poder de um único corpo: vemos apenas a sequência, 50.

Será a ideia de poder derivada de uma impressão interna e será ela uma ideia de reflexão? 51; não é derivada, como disse Locke, do raciocínio sobre o poder da produção na natureza, 50 *n*; nem da consciência da influência da vontade sobre os órgãos corporais, 52; nem do esforço para vencer a resistência, 52 *n* (cf. 60 *n);* nem da influência da vontade sobre a mente, 53; muitos filósofos apelam para um princípio inteligente invisível, para uma violação do Ser supremo e consideram as causas como simples ocasiões e as nossas conceções mentais como revelações, 54-55; diminuindo assim a grandeza de Deus, 56; esta teoria é demasiado ousada e para além da verificação pelas nossas faculdades, e não constitui uma explicação, 57; *vis inertiae,* 57 *n.*

Em casos singulares, vemos apenas a sequência de eventos soltos, que estão conjuntos, mas nunca conexos, 58; a ideia de conexão necessária brota apenas de um número de casos similares, e a única diferença entre um tal número e um caso singular é que o

178 | INVESTIGAÇÃO SOBRE O ENTENDIMENTO HUMANO

primeiro produz um hábito de aguardar o concomitante usual, 59, 61. Esta transição habitual é a impressão a partir da qual formamos a ideia de conexão necessária.

E. *Raciocínio a partir do efeito para a cansa e vice-versa,* 105-115 (v. *Providência*).

Ao argumentarmos do efeito para a causa, não devemos inferir mais qualidades na causa do que as que são requeridas para produzir o efeito, nem retro-inferir da causa novos efeitos no caso de atos humanos, por uma analogia que se funda no conhecimento prévio, 111-112; quando o efeito é inteiramente singular e não pertence a qualquer espécie, não podemos de modo algum inferir a sua causa, 115.

F. *Definições de causa* – 60 (cf. 74 *n*).

Ceticismo – A. prévio ao estudo e à filosofia, como a dúvida universal de Descartes, seria incurável: num sentido mais moderado, é útil, 116 (cf. 129-130); tentativas extravagantes do, para destruir a razão com argumentos, 124.

Não há nenhuma criatura absurda como um homem que não tem opinião alguma acerca de qualquer coisa, 116; não admite nenhuma resposta e não suscita qualquer convicção, 112 *n* (34, 126, 128).

B. *Quanto aos Sentidos,* 117-123.

As críticas ordinárias feitas aos nossos sentidos mostram apenas que eles têm de ser corrigidos pela razão, 117; argumentos mais profundos mostram que a crença vulgar nos objetos externos é sem fundamento, e que os objetos que vemos são apenas perceções, isto é, cópias fugidias de outras existências, 118; mesmo esta filosofia é difícil de justificar; não apela nem para o instinto natural, nem para a experiência, porque a experiência nada diz dos objetos a que as perceções se assemelham, 119; o apelo à *veracidade de Deus* é inútil, 120; e o ceticismo é aqui triunfante, 121.

A distinção entre qualidades primárias e secundárias é inútil, porque as qualidades supostamente primárias são somente perceções, 122; e a teoria de Berkeley de que as ideias das qualidades primárias se obtêm por abstração é impossível, 122, 122 *n;* se a matéria for

ÍNDICE ANALÍTICO   179

privada das qualidades primárias e secundárias nada resta, exceto
um simples algo de que nem vale a pena falar, 123.
  C. *Quanto à razão*, 124-130.
  Tentativa de destruir a razão por argumentos extravagantes,
124; objeção ao *raciocínio abstrato* porque assere a infinita divisibilidade da extensão, o que impressiona o sentido comum, 124, e
a infinita divisibilidade do tempo, 125; porém, as ideias atacadas
são tão claras e distintas que o ceticismo se torna cético acerca de
si próprio, 125.
  Objeções populares ao *raciocínio moral* acerca da questão de
facto, baseado na fraqueza do entendimento, variação do juízo
e desacordo entre os homens, refutadas pela ação, 126; objeções
filosóficas, de que nós apenas experimentamos a conjunção e que
a inferência se funda no costume, 127; ceticismo excessivo refu-
tado pela sua inutilidade e afugentado pelo mais trivial evento na
vida, 128.
  Ceticismo mitigado ou filosofia académica útil como corretivo
e enquanto suscita cautela e modéstia, 129; e enquanto limita o
entendimento aos objetos adequados, 130; todo o raciocínio que
não é abstrato, acerca da quantidade e do número, ou experimental, a propósito das questões de facto, é sofisma e ilusão, 132.
  D. na Religião (v. *Milagres, Providência*).

Cerimónias – 41.
Cícero – 4.
Ciências – 132 (v. Razão, (*d*); *Ceticismo*, C).
Círculo – no raciocínio, 30.
Contiguidade – 19, 42.
Contradição – o teste da demonstração de, 132.
Contrariedade – 19 *n.*
Contrário – da questão de facto sempre possível, 21, 132.
Cor – peculiaridade das ideias de, 16.
Corpo – e alma, mistério da união do, 52; volição e movimentos do, 52.
  Real existência do (v. *Ceticismo*, B, 118-123).
Costume – quando mais forte, oculta-se, 24; um princípio último de
  todas as conclusões a partir da experiência, 36, 127; e crença,
  39-45; suscita inferências nos animais, 84.
Crença – (v. *Causa*, C, 39-45); e acaso, 46.

180 | INVESTIGAÇÃO SOBRE O ENTENDIMENTO HUMANO

Criação – 132 *n*.

Crítica – 132.

Definição – só aplicável a ideias complexas, 49; necessidade de, 131; de causa, 60.

Demonstrativo – op. intuitivo, 20; raciocínio, 30; confinado à quantidade e ao número, 131; impossível demonstrar um facto, porque nenhuma negação de um facto pode implicar uma contradição, 132.

Descartes – 57 *n;* a sua dúvida universal prévia ao estudo, se se toma estritamente, é incurável, porque, mesmo a partir de um primeiro princípio indubitável, nenhum avanço se pode fazer a não ser pelas faculdades de que duvidamos, 116; o seu apelo à veracidade de Deus é inútil, 120 (v. *Ceticismo,* 116-132).

Desígnio – argumento do, 105 ss. (v. *Providência*).

Deus – ideia de, 14; nenhuma ideia de, exceto o que aprendemos por reflexão sobre as nossas próprias faculdades, 57; teoria de que Deus é causa de todo o movimento e pensamento, sendo as causas apenas ocasiões da sua volição, 54-57; pela doutrina da necessidade ou não há ações más ou Deus é a causa do mal, 78-81.
Veracidade de Deus, a que se apelou, 120.
E criação da matéria, 132 *n*.
v. *Providência,* 102-115; *Ceticismo,* 116-132.

Divisibilidade – dos pontos matemáticos e físicos, 124.

Dúvida – cartesiana, 116, 120 (v. *Ceticismo* A).

Entendimento – limite do, 7; operações do, a classificar, 8; op. experiência, 28; fraqueza do, 126 (v. *Razão, Ceticismo*).

Epicteto – 34.

Epicurista – filosofia, defesa da, 102-115; negação da providência e de um estado futuro é inócua, 104 (v. *Providência*).

Estoicos – 34, 79.

Euclides – verdades em, não dependem da existência de círculos ou triângulos, 20.

Evidência – moral e natural, 70; valor da e. humana, 82-89 (v. *Milagres*).

Existência – externa e perceção, 118-119 (v. *Ceticismo* B, 116-132).

Ex nihilo nihil – 132 *n*.

Experiência – (v. *Causa* A, 23-33); oposição da razão e experiência usual, mas efetivamente errónea e superficial, 36 *n*.

ÍNDICE ANALÍTICO | 181

Infalível, pode considerar-se como prova, 87 (v. *Milagres*); toda a filosofia e religião no mundo não podem levar-nos para além do curso usual da experiência, 113.

Extensão – 50; uma qualidade supostamente primária, 122.

Fé – 101, 132.

Ficção – e facto (v. *Causa* C), 39 ss.

Filosofia – moral, dois ramos da, abstrusa e prática, 1-5; gratifica a curiosidade inocente, 6; a metafísica tenta lidar com realidades inacessíveis ao entendimento humano, 6.

A verdadeira, deve traçar os limites do entendimento, 7 (cf. 113); uma vasta parte dela consiste na geografia mental, 8; pode esperar a resolução de princípios da mente em princípios ainda mais gerais, 9.

A natural, apenas protela a nossa ignorância um pouco mais, assim como a filosofia moral ou metafísica serve unicamente para descobrir porções mais vastas dela, 26; a académica, ou cética, não adula nenhuma tendência ou paixão exceto o amor da verdade, e, por isso, tem poucos partidários, 34; embora destrua a especulação, não pode destruir a ação, porque a natureza surge e impõe os seus direitos, 34; a moral, inferior à matemática na clareza das ideias, superior na concisão dos argumentos, 48.

Controvérsias na, devidas à ambiguidade dos termos, 62.

Disputas na, a não resolver mediante o apelo a consequências perigosas de uma doutrina, 75.

A especulativa, inteiramente indiferente à paz da sociedade e à segurança do governo, 104 (cf. 114).

Toda a filosofia do mundo e toda a religião, que se resume apenas a uma espécie de filosofia, nunca podem levar-nos além do curso usual da experiência, 113.

A ventura da, por ter surgido numa época e num país de liberdade e tolerância, 102.

Futuro – inferência para o, a partir do passado, 29 (v. *Causa* A).

Geografia – mental, 8.

Geometria – proposições da, certas, enquanto dependentes apenas das relações de ideias, não da existência do objetos, 20; não fornece o conhecimento de causas últimas: apenas se aplica a leis descobertas pela experiência, 27.

182 | INVESTIGAÇÃO SOBRE O ENTENDIMENTO HUMANO

Gerais – ideias, não existem realmente, mas apenas ideias particulares adstritas a um termo geral, 125 *n.*

Gravidade – 26.

Hábito – (v. *Costume, Causa* B).

História – uso da, 65.

Homem – um ser racional e ativo, 4.

Humana – natureza, inconstância uma característica constante, 68.

Ideias – A. *Origem das,* 11-17.

Perceções divididas em impressões e ideias, 11-12; a mente pode apenas compor os materiais derivados do sentimento externo ou interno, 13 (cf. 53); todas as ideias resolvíveis em ideias simples, copiadas dos sentimentos precedentes, 14; deficiência num órgão da sensação produz deficiência na ideia correspondente, 15-16; ideias suspeitas devem testar-se inquirindo a impressão de que derivam, 17 (cf. 49); ideia de reflexão, 51; ideias gerais, 125 *n;* ideias inatas, 19 *n;* poder da vontade sobre as ideias, 53.

B. *Associação das,* 18-19.

As ideias introduzem-se umas às outras com um certo grau de método e regularidade, 18; só três princípios de associação, scil. Semelhança, Contiguidade, e Causa ou Efeito, 19; contrariedade, 19 *n;* produção da crença por estes princípios, 41-43.

C. Correspondência das ideias e curso da natureza, 44; relações de ideias, um dos dois possíveis objetos de inquirição, 20; tais relações podem descobrir-se pela mera operação do pensamento, 20, 131; nenhuma demonstração é possível exceto no caso da quantidade ou número, 131.

Imaginação – 11, 39; e crença, 40;

Impressões – todas as nossas perceções mais vivas, 12; o teste das ideias, 17, 49.

Inconceptibilidade – do negativo, 132 (cf. 20).

Inércia – 57 *n.*

Inferência – e semelhança, 30, 115 (v. *Causa*).

Infinita – divisibilidade, 124 ss.

Instinto – mais digno de confiança do que o raciocínio, 45; a base de todo o raciocínio experimental, 85, a base do realismo, 118, 121.

Intuitivo – op. raciocínio mediato, 29.

La Bruyère – 4.

Liberdade – (v. *Necessidade,* 62-97).

ÍNDICE ANALÍTICO 183

Definição de liberdade hipotética, 73.
Necessária à moralidade, 77.
Locke – 4, 40 *n*, 50 *n*, 57 *n*.

O seu uso pouco rigoroso de «ideias», 19 *n*; induzido pelos Escolásticos a disputas frívolas acerca das ideias inatas, 19 *n*; distinção das qualidades primárias e secundárias, 122.

Mal – a doutrina da necessidade ou faz de Deus a causa do mal ou nega a existência do mal quanto ao todo, 78-81.

Malebranche – 4, 57 *n*.

Matemática – ideias da, claras e determinadas, daí a sua superioridade sobre as ciências morais e metafísicas, 48; a sua dificuldade, 48. Pontos matemáticos e físicos, 124 *n*.

Matéria – necessidade da, 64; criação da, 132 *n* (v. *Ceticismo* A).

Mente – geografia mental, 8; fontes e princípios secretos da, 9; pode apenas compor e misturar materiais dados pelo sentimento interno ou externo, 13; poder da vontade sobre a, 53.

Metafísica – não uma ciência, 5-6; quão inferior e superior à matemática, 48.

Milagres – 86-101.

Crença na evidência humana diminui conforme o evento testemunhado é inabitual ou extraordinário, 89; diferença entre extraordinário e miraculoso, 89 *n*; se a evidência a favor de um milagre equivalesse a prova, deveríamos ter uma prova combatida por outra prova, pois prova contra um milagre é tão completa como possível; um evento não é miraculoso a não ser que exista uma experiência uniforme, que é uma prova, contra ele, 90; definição de milagre, 90 *n*; daí, nenhum testemunho é suficiente para estabelecer um milagre, exceto se a sua falsidade for mais miraculosa do que o evento que ele estabelece, 91; enquanto facto, a evidência a favor de um milagre nunca equivaleu a prova, 92; a paixão pelo maravilhoso na natureza humana, 93; predomínio dos milagres nos períodos selvagens e mais antigos e sua diminuição na civilização, 94; a evidência a favor dos milagres em questões de religião contraposta pelo quase infinito número de testemunhas em prol de religiões rivais, 95; valor do testemunho humano diminuído pela tentação de se ostentar como profeta ou apóstolo, 97; nenhum testemunho em prol de um milagre alguma vez equivaleu a uma probabilidade, muito menos a uma prova, e se equivalesse a

184 | INVESTIGAÇÃO SOBRE O ENTENDIMENTO HUMANO

uma prova seria combatida por outra prova perfeita, 98; assim, um milagre nunca pode demonstrar-se como o fundamento de um sistema de religião, 99; uma conclusão que confunde os que baseiam a religião cristã na razão, não na fé, 100; a religião cristã não pode ser objeto de fé sem um milagre que subverterá o princípio do entendimento de um homem e lhe dará uma determinação para crer o que é antagónico ao costume e à experiência, 101.

Moral – ciência, 30, 132; inferior à matemática, 48; objeções céticas à, 126-127.

Evidência moral facilmente combinada com a natural, 70.

Movimento – 50.

Natureza – desígnio na, 105 s. (v. *Providência*), e o curso das nossas ideias, 44.

Necessária – conexão (v. *Causa*).

Necessidade – duas definições de, 75.

A. *e Liberdade*, 62-81; a controvérsia baseia-se na ambiguidade, e toda a humanidade foi sempre da mesma opinião sobre este assunto, 63; a nossa ideia da necessidade da matéria brota apenas da uniformidade observada e da inferência consequente, circunstâncias que, no consenso de todos os homens, existem a respeito da ação humana, 64; história e conhecimento da natureza humana assumem tal uniformidade. 65; que não exclui a variedade devida à educação e ao progresso, 66; ações irregulares devem explicar-se pela operação secreta de causas contrárias, 67; a inconstância da ação humana, sua característica constante, semelhante à do vento e do tempo, 68; todos conhecemos e tiramos inferências da conjunção regular de motivos e ações, 69; a história, a política e a moral mostram isto, e a possibilidade de combinar a evidência moral e natural mostra que elas têm uma origem comum, 70; a relutância em reconhecer a necessidade de ações devidas a uma crença demolidora de que podemos divisar conexão efetiva por detrás da mera conjunção, 71; devíamos começar pelo exame, não da alma e da vontade, mas da matéria bruta, 72; o predomínio da doutrina da liberdade, devida a uma falsa sensação de liberdade e a uma falsa experiência, 72 *n*; embora esta questão seja a mais litigiosa de todas, a humanidade concordou sempre na doutrina da liberdade, se por ela indicarmos a liberdade hipotética que consiste num poder de atuar ou não atuar, segundo a determina-

ÍNDICE ANALÍTICO | 185

ção da nossa vontade, e que pode atribuir-se a todo o que não é prisioneiro, 73; a liberdade, quando oposta à necessidade, e não apenas ao constrangimento, é o mesmo que acaso, 74.

B. *A necessidade e a liberdade são necessárias à moralidade*, esta doutrina da necessidade apenas altera a nossa visão do tema e assim é, pelo menos, inocente, 75; recompensas e castigos implicam a influência uniforme dos motivos, e a conexão de caráter e ação: se se negar a necessidade, um homem pode cometer qualquer crime e não ser pior por isso, 76; a liberdade é, pois, essencial à moralidade, 77.

Objeção de que a doutrina da necessidade e de uma cadeia regular de causas faz de Deus a causa do mal, ou abole o mal nas ações, 78; a resposta estoica, de que todo o sistema é bom, é especiosa, mas inefetiva na prática, 79; nenhum argumento especulativo pode contrabalançar o impulso dos nossos sentimentos naturais para censurar certas ações, 80; modo como Deus pode ser a causa de todas as ações sem ser o autor do mal moral é um mistério com que a filosofia não pode lidar, 81.

Negativo – inconceptibilidade do, 132.

Newton – 57 *n.*

Nisus – 52 *n*, 60 *n.*

Número – o objeto de demonstração, 131.

Ocasionais – teoria das causas, 55.

Paralelismo – entre pensamento e curso da natureza, 44-45.

Perceção – e objetos externos, 119 ss. (v. *Ceticismo, Impressão, Ideia*).

Pirronismo – 126.

Poder – 50 ss, 60 *n.* (v. *Causa* D).

Pontos – físicos, indivisíveis, 124 *n.*

Probabilidade – 46 *ss.* (v. *Causa*, B).

Produção – 50 *n.*

Prova – 46 *n*, 86-101 (v. *Milagres, Demonstrativa*).

Prováveis – argumentos, 38, 46 *n.*

Providência – 102-115 (v. *Deus*).

O único argumento em prol de uma existência divina procede das marcas de desígnio na natureza; não se deve inferir maior poder na causa do que o necessário para produzir os efeitos observados, nem argumentar a partir de uma tal causa inferida para quaisquer novos que não se observaram, 105; por isso, não se deve

186 | INVESTIGAÇÃO SOBRE O ENTENDIMENTO HUMANO

inferir em Deus mais poder, sabedoria e benevolência do que aparece na natureza, 106; é desnecessário tentar salvar a honra dos deuses pela aceitação da intratabilidade da matéria ou observância de leis gerais, 107; arguir dos efeitos para causas ignotas e, em seguida, destas causas para efeitos desconhecidos, é um grande sofisma, 108.

Do imperfeito exercício da justiça neste mundo não podemos inferir o seu perfeito exercício num mundo futuro, 109; devemos regular a nossa conduta apenas pelo curso experienciado dos eventos, 110; no caso de obras de arte humanas podemos inferir o perfeito do imperfeito, mas porque conhecemos o homem por experiência e também sabemos de outros exemplos da sua arte, 111-112; mas no caso de Deus, só o conhecemos pelas suas produções e não conhecemos nenhuma classe de seres de que Ele faça parte, 113; e o universo, sua criação, é inteiramente singular e não pertence a uma espécie de coisas conhecida, 115.

Qualidades – primárias e secundárias, 122.

Quantidade – e número, os únicos objetos de demonstração, sendo partes deles inteiramente similares, 131.

Questão de facto – contrário da, sempre possível, 21; argumentos para nova, baseados apenas na causa e no efeito, 22.

Razão – (*a*) op. intuição, 29; op. experiência, 28, 36 *n*.

(*b*) Corrige a simpatia e os sentidos, 117.

Falaz, comparada com o instinto, 45

Dos homens e animais, 84 *n*.

(*c*) Tentativas de destruir, por argumentos, 124; objeções ao raciocínio abstrato, 124 ss. (v. *Ceticismo*).

(*d*) Raciocínio

Dois géneros de, demonstrativo e moral, 30, 46 *n*, 132; moral, dividido em geral e particular, 132; produz demonstrações, provas e probabilidades, 46 *n*.

Provável (v. *Causa*, 28-32).

Real – presença, 86.

Realidade – e pensamento, 44.

Realismo – do vulgo, 118.

Relações – de ideias, podem descobrir-se por simples operação do pensamento, independentemente da existência de qualquer objeto, 20.

ÍNDICE ANALÍTICO | 187

Religião – uma espécie de filosofia, 113 (v. *Milagres, Providência*).

Resistência – e ideia de poder, 52 *n*.

Secretos – poderes, 29; causas antagónicas, 47, 67.

Semelhança – 19, 41; base de todos os argumentos a partir da experiência, 31.

Sentidos – a sensação externa e interna fornece todos os materiais do pensamento – devem ser corrigidos pela razão, 117. Ceticismo acerca dos, 117 (v. *Ceticismo*, B).

Solidez – 50; uma qualidade supostamente primária, 122.

Tempo – e espaço, 124 ss.

Teologia – ciência da, 132; influência da, na moral, maior nos tempos modernos do que antigamente.

Todo – teoria de que tudo é bom enquanto concerne ao 'todo', 79-80.

Verdade – 8, 17 (v. *Ceticismo*).

Vontade – compõe os materiais fornecidos pelos sentidos, 13; influência da, sobre os órgãos do corpo nunca nos pode dar a ideia de poder; porque não somos *conscientes* de qualquer poder da nossa vontade, apenas da sequência das moções na vontade, 52.

De Deus, não pode ser utilizada para explicar o movimento, 57. Liberdade da (v. *Necessidade*).

Índice

Advertência do tradutor. 7

Advertência 11

I. Das diferentes espécies de filosofia 13
II. Da origem das ideias 25
III. Da associação das ideias 21
IV. Dúvidas céticas acerca das operações
    do entendimento 33
V. Solução cética destas dúvidas 49
VI. Da probabilidade 65
VII. Da ideia de conexão necessária 69
VIII. Da liberdade e necessidade 89
IX. Da razão dos animais 113
X. Dos milagres 119
XI. De uma Providência particular
    e de um estado futuro 143
XII. Da filosofia académica ou cética 159

Índice analítico 175

TEXTOS FILOSÓFICOS

1. *Crítica da Razão Prática*, Immanuel Kant
2. *Investigação sobre o Entendimento Humano*, David Hume
3. *Crepúsculo dos Ídolos*, Friedrich Nietzsche
4. *Discurso de Metafísica*, Immanuel Kant
5. *Os Progressos da Metafísica*, Immanuel Kant
6. *Regras para a Direcção do Espírito*, René Descartes
7. *Fundamentação da Metafísica dos Costumes*, Immanuel Kant
8. *A Ideia da Fenomenologia*, Edmund Husserl
9. *Discurso do Método*, René Descartes
10. *Ponto de Vista Explicativo da Minha Obra de Escritor*, Sören Kierkegaard
11. *A Filosofia na Idade Trágica dos Gregos*, Friedrich Nietzsche
12. *Carta sobre a Tolerância*, John Locke
13. *Prolegómenos a Toda a Metafísica Futura*, Immanuel Kant
14. *Tratado da Reforma do Entendimento*, Bento de Espinosa
15. *Simbolismo: Seu Significado e Efeito*, Alfred North Withehead
16. *Ensaio sobre os Dados Imediatos da Consciência*, Henri Bergson
17. *Enciclopédia das Ciência Filosóficas em Epítome (Vol. I)*, Georg Wilhelm Friedrich Hegel
18. *A Paz Perpétua e Outros Opúsculos*, Immanuel Kant
19. *Diálogo sobre a Felicidade*, Santo Agostinho
20. *Princípios da Filosofia do Futuro*, Ludwig Feuerbach
21. *Enciclopédia das Ciência Filosóficas em Epítome (Vol. II)*, Georg Wilhelm Friedrich Hegel
22. *Manuscritos Económico-Filosóficos*, Karl Marx
23. *Propedêutica Filosófica*, Georg Wilhelm Friedrich Hegel
24. *O Anticristo*, Friedrich Nietzsche
25. *Discurso sobre a Dignidade do Homem*, Giovanni Pico della Mirandola
26. *Ecce Homo*, Friedrich Nietzsche
27. *O Materialismo Racional*, Gaston Bachelard
28. *Princípios Metafísicos da Ciência da Natureza*, Immanuel Kant
29. *Diálogo de um Filósofo Cristão e de um Filósofo Chinês*, Nicholas Malebranche
30. *O Sistema da Vida Ética*, Georg Wilhelm Friedrich Hegel
31. *Introdução à História da Filosofia*, Georg Wilhelm Friedrich Hegel

32. *As Conferências de Paris*, Edmund Husserl
33. *Teoria das Concepções do Mundo*, Wilhelm Dilthey
34. *A Religião nos Limites da Simples Razão*, Immanuel Kant
35. *Enciclopédia das Ciência Filosóficas em Epítome (Vol. III)*, Georg Wilhelm Friedrich Hegel
36. *Investigações Filosóficas sobre a Essência da Liberdade Humana*, F. W. J. Schelling
37. *O Conflito das Faculdades*, Immanuel Kant
38. *Morte e Sobrevivência*, Max Scheler
39. *A Razão na História*, Georg Wilhelm Friedrich Hegel
40. *O Novo Espírito Científico*, Gaston Bachelard
41. *Sobre a Metafísica do Ser no Tempo*, Henrique de Gand
42. *Princípios de Filosofia*, René Descartes
43. *Tratado do Primeiro Princípio*, João Duns Escoto
44. *Ensaio sobre a Verdadeira Origem, Extensão e Fim do Governo Civil*, John Locke
45. *A Unidade do Intelecto contra os Averroístas*, São Tomás de Aquino
46. *A Guerra e A Queixa da Paz*, Erasmo de Roterdão
47. *Lições sobre a Vocação do Sábio*, Johann Gottlieb Fichte
48. *Dos Deveres (De Officiis)*, Cícero
49. *Da Alma (De Anima)*, Aristóteles
50. *A Evolução Criadora*, Henri Bergson
51. *Psicologia e Compreensão*, Wilhelm Dilthey
52. *Deus e a Filosofia*, Étienne Gilson
53. *Metafísica dos Costumes, Parte I, Princípios Metafísicos da Doutrina do Direito*, Immanuel Kant
54. *Metafísica dos Costumes, Parte II, Princípios Metafísicos da Doutrina da Virtude*, Immanuel Kant
55. *Leis. Vol. I*, Platão
58. *Diálogos sobre a Religião Natural*, David Hume
59. *Sobre a Liberdade*, John Stuart Mill
60. *Dois Tratados do Governo Civil*, John Locke
61. *Nova Atlântida e A Grande Instauração*, Francis Bacon
62. *Do Espírito das Leis*, Montesquieu
63. *Observações sobre o sentimento do belo e do sublime e Ensaio sobre as doenças mentais*, Immanuel Kant
64. *Sobre a Pedagogia*, Immanuel Kant